novum  pro

Tamara Roos

Schutzengel in Not

Große Liebe, großes Leid

novum pro

www.novumverlag.com

© 2011 novum publishing gmbh

ISBN 978-3-99026-018-0
Lektorat: Mag. Dr. Margot Liwa
Umschlagfoto:
Indigocrow | Dreamstime.com
Umschlaggestaltung, Layout &
Satz: novum publishing gmbh

Die von der Autorin zur Verfügung
gestellte Abbildung wurde in der
bestmöglichen Qualität gedruckt.

Gedruckt in der Europäischen Union
auf umweltfreundlichem, chlor- und
säurefrei gebleichtem Papier.

www.novumverlag.com

Bibliografische Information
der Deutschen Nationalbibliothek:

Die Deutsche Nationalbibliothek
verzeichnet diese Publikation in der
Deutschen Nationalbibliografie.
Detaillierte bibliografische Daten
sind im Internet über
http://www.d-nb.de abrufbar.

Alle Rechte der Verbreitung, auch
durch Film, Funk und Fernsehen, fotomechanische Wiedergabe, Tonträger, elektronische
Datenträger und auszugsweisen
Nachdruck, sind vorbehalten.

AUSTRIA · GERMANY · HUNGARY · SPAIN · SWITZERLAND

Vorwort

Keines dieser schrecklichen Erlebnisse, keinen dieser traurigen Tage in diesem Jahr darf ich vergessen. Ich möchte alles festhalten für die Ewigkeit, für mein ganzes Leben und möchte darin blättern wie in einem Kalender, wann immer mir danach ist, und doch wünsche ich mir nichts so sehr, als dass dieses Jahr bald zu Ende ist.

Dieses Jahr, geprägt durch …

die große Liebe zu meinem Mann Manfred, die im Laufe dieses Jahres viel Schmerz ertragen hat, die Liebe zu meiner Mutter, die mir bis zu diesem Jahr selbst nicht bekannt war, die außergewöhnliche Liebe zu meinem Bruder Rudi, die mich in ihrer Intensität ängstigt, mich täglich begleitet und mein weiteres Leben begleiten wird, denn ich fürchte mich davor, seinen Tod nicht zu verkraften.

Ich bin nicht so vermessen, zu glauben, dass mein bisher eigentlich normal verlaufenes Leben Stoff für eine Geschichte sein würde. Eine Geschichte, die man festhalten müsste, die gar für andere interessant sein könnte. Es geht auch gar nicht um mein Leben. Es geht nur um ein Jahr in meinem Leben, nur um dieses eine Jahr, das vollgepackt ist mit Kummer und Leid, gezeichnet von Tod und Traurigkeit und gesteuert wird von Liebe und Sorge.

Sollte ich die Geschichte dieses Jahres zu Ende schreiben, werde ich möglicherweise auf großes Mitgefühl und Verständnis stoßen, dann werden vielleicht auch andere verstehen, warum man dieses Jahr festhalten möchte. Vielleicht hilft mir das Schreiben, meinen Kummer und meine Ängste zu verarbeiten, und vielleicht verhindert es, psychologische Hilfe in Anspruch nehmen zu müssen.

Mutter

Heute ist der 17. November 2010, es ist der erste Todestag meiner Mutter und es ist 10 Minuten vor 1 Uhr in der Nacht.

Ich werde wach, als mein Mann Manfred sich nach einem langen Fernsehabend ins Bett neben mich legt. Ich bin sofort hellwach, weil mir wieder so viele Gedanken durch den Kopf gehen und mich nicht mehr schlafen lassen.

Während andere schlafen, sitze ich hier und habe die Augen voller Tränen. Auf der Ablage hinter meinem aufgeklappten Laptop stehen gerahmte Fotos, die im Laufe dieses Jahres mehr geworden sind. Bisher standen dort nur lustige Fotos unserer beiden Kätzchen. Dazu gekommen sind nun Aufnahmen, die meine Mutter, meinen Bruder Rudi, meinen Mann Manfred, meinen älteren Bruder und mich zeigen. Mein Leben hat sich verändert. Warum und wie, das möchte ich hier erzählen.

Mein 17. November 2009 war der ganz normale und stressige Bürotag einer viel beschäftigten Sekretärin. Ein Dienstag wie jeder andere.

Der Anruf aus dem Pflegeheim am späten Vormittag hat alles verändert.

Die Leiterin informiert mich mit viel Mitgefühl in der Stimme, dass meine Mutter soeben friedlich eingeschlafen ist.

Ich kann und will es nicht glauben. Der Arzt hat uns doch vor wenigen Tagen gesagt, dass er meine Mutter noch nicht sterben sieht und dass sie sich sicherlich wieder erholen wird. Wir haben sie am Wochenende noch besucht, wir waren bei ihr im Pflegeheim in Bayern.

Meine Mutter hatte Krebs. Es begann mit einem Tumor in der Brust, den sie vermutlich lange Zeit vor uns allen versteckt und geheim gehalten hat. Er war irgendwann so groß, dass die Haut platzte und er nach außen trat. Zum Schutz der Wäsche hatte sie sich den Büstenhalter mit Papiertaschentüchern ausgestopft. Der Aufmerksamkeit von Sabine, der damaligen Freundin meines Bruders Rudi, war es zu verdanken, dass die Krankheit entdeckt wurde. Ein tagelanger Kampf mit meiner Mutter begann, bis wir es geschafft hatten und sie ins nächste Krankenhaus bringen konnten, wo sie sofort operiert wurde. Dort teilten uns die Ärzte mit, dass meine Mutter zwar sehr krank sei, da sie aber schon 86 Jahre alt sei, vermutlich nicht am Krebs sterben werde und durchaus noch einige schöne Jahre haben könne. Dass in diesem hohen Alter die Zellteilung nicht mehr so schnell fortschreitet, sie körperlich auch in keinem schlechten Zustand war und einiges zuzusetzen hatte, waren Gründe für diese Voraussage.

Ich hatte bis dahin kein besonders herzliches Verhältnis zu meiner Mutter, eigentlich hatte ich gar kein Verhältnis zu ihr. Sie lebte ihr Leben in Bayern, ich lebte meins im Rheinland. Meine Mutter hatte ich als kühle und nicht sehr herzliche Mutter in Erinnerung. Sie war streng und oft bösartig und sie war egoistisch ... Ich nenne es einfach mal so.

Natürlich hatten wir Kontakt. Wir telefonierten regelmäßig und ich fuhr nach Bayern, so oft ich konnte. Aber es verband uns nicht die Mutter-Tochter-Beziehung, die ich mir immer gewünscht und um die ich andere in meiner Jugendzeit schon beneidet hatte. Sie hatte ihre beiden Söhne, meinen älteren Bruder und Rudi, in ihrer Nähe, ich, die Tochter, war im Rheinland glücklich verheiratet, das genügte ihr. Ihre ganze Aufmerksamkeit gehörte Rudi, der seit seiner Geburt ein Sorgenkind war. Diese Feststellung wird für meinen älteren Bruder später ein unüberwindbares Problem werden. In meiner Erzählung wird dieser Bruder nicht sehr oft erscheinen, was nicht heißt, dass er mir nichts bedeutet oder dass er mir nicht wichtig ist. Zu gegebener Zeit wird es dafür eine Erklärung geben.

Meine Mutter hat die Operation gut überstanden. Es war für sie das erste Mal, dass sie wirklich ernsthaft krank war. Doch die Rehabilitationsphase brachte sie wieder auf die Beine, sodass sie sogar zurück in ihre Wohnung und den Haushalt alleine meistern konnte. Das war für mich eine Sensation und ich war beruhigt, zumindest was meine Mutter betraf. Sehr anstrengende Wochen waren vorüber. Endlich waren die Wochenendfahrten nach Bayern nicht mehr so oft erforderlich und ich konnte wieder zurück in unseren Alltag.

Rudi hatte eine ganz besondere und sehr enge Beziehung zu unserer Mutter. Ich war nicht in der Lage, ihn ins Krankenhaus mitzunehmen, und wollte ihn dieser Situation auch nicht aussetzen. Sein eigener körperlicher Zustand hat es zusätzlich schwierig gemacht. Da er eher etwas bequem war, gab er sich meistens mit meinen Erklärungen zum Zustand unserer Mutter zufrieden.

In ihrer gewohnten Umgebung erholte sich unsere Mutter zunehmend und wir hätten zufrieden sein können, wenn da nicht das Sorgenkind Rudi gewesen wäre.

Mein Bruder Rudi

Ich muss erklären, dass mein kleiner Bruder, damals 50, bereits seit einem Jahr in einem Pflegeheim in Mutters Nähe lebte. Er war sehr krank, litt an Diabetes infolge krankhafter Fettleibigkeit und war auf regelmäßige Blutwäsche (Dialyse) angewiesen, nachdem die Krankheit seine Nieren zerstört hatte. Rudi und die Sorgen um ihn waren natürlich auch während der Erkrankung meiner Mutter stets präsent.

Wenn Rudis Verfassung es erlaubte, ließ er sich mit einem Taxi zum ca. 15 km entfernten Wohnort unserer Mutter fahren, wo er mit Essen und Geld versorgt, einige schöne Stunden mit ihr verbrachte und mit schlechten Blutzuckerwerten wieder zurück ins Pflegeheim kam. Wenn mir diese Treffen bekannt wurden, hatte das immer große Diskussionen zur Folge. Diskussionen über seine Gesundheit, sein ungesundes Essen und über Geld, das er nicht hatte und trotzdem ausgab.

Mit diesen neu erschlossenen Nachschubwegen verschlechterte sich sein körperlicher Zustand extrem und er nahm bedrohlich schnell an Gewicht zu. Denn er ließ sich von unserer Mutter mästen und nahm zusätzlich an den Mahlzeiten im Pflegeheim teil. Außerdem trank er wöchentlich kistenweise süße Getränke, die er sich von allen möglichen Personen heimlich besorgen ließ. Er bestellte sich nachts nicht etwa eine Pizza, sondern zwei Kilo gebackenen Leberkäse, was in Bayern wohl möglich ist; ich habe die Kaufbelege mit eigenen Augen gesehen.

Wir besuchten ihn regelmäßig und waren jedes Mal aufs Neue entsetzt über seine körperliche Veränderung. Seine Beine und Füße hatten inzwischen eine Form angenommen, dass Bewegung ohne Schmerzen nicht mehr möglich war. Sie waren schwarz verfärbt und zum Zerreißen dick. Die Zeit, in der Ratschläge an- oder Drohungen ernst genommen wurden, war längst überschritten. Er kam immer wieder mit Atemnot oder Herzproblemen in die Klinik, wo wir von den Ärzten darüber informiert wurden, dass er auf dem besten Weg sei, sich mit dieser Lebensweise umzubringen.

Wir versprachen ihm einen mehrwöchigen Besuch bei uns im Rheinland, was seit Langem ein großer Wunsch von ihm war. Wir würden ihn abholen und in unserem Krankenhaus die Dialyse sicherstellen. Dies alles jedoch unter der Bedingung, dass Rudi sein Gewicht mithilfe des Pflegeheims reduziert und auf diese vielen süßen, für ihn strikt verbotenen, Getränke verzichtet. Als Dialyse-Patient durfte er nur sehr wenig trinken, viel weniger als ein gesunder Mensch und natürlich auch nur zuckerfreie Getränke. Ich bot ihm sogar Geld als eine Art Fettprämie und drohte ihm schweren Herzens damit, meine Besuche einzustellen.

Bei unseren Telefonaten mit Rudi im Pflegeheim und meiner Mutter daheim gab man sich immer große Mühe, uns glaubhaft zu machen, dass Rudi ganz toll abgenommen hätte und nicht mehr sündigen würde.

Wieder mal bei ihm in Bayern angekommen, unsere Mutter im Schlepptau, wurden wir von der Heimleitung abgefangen und über Rudis tatsächlichen Zustand informiert. Ich war zwar vorbereitet, aber trotzdem traf mich die Realität mit voller Wucht. Selbst in diesen Situationen und in solchen Momenten brachte es unsere Mutter fertig, darauf hinzuweisen, dass „er" doch so schön abgenommen hätte.

Pure Verzweiflung, Ohnmacht und unendliches Mitleid mit diesen beiden so hilflosen und schwachen Menschen waren die Gefühle, die mich überwältigten. Zwei, die sich so nah sind und nicht merken, dass sie sich gegenseitig so sehr schaden. Die Zeiten, in denen ich gelassen und relativ unaufgeregt zurück ins Rheinland fuhr, waren endgültig vorbei.

Meine Gedanken kreisten nur noch um Mutter und Rudi und darum, was ich unternehmen könnte. Die Heimreise fiel mir immer schwerer, es wurde für mich immer unerträglicher, zwei mir so wichtige Menschen in einem solch erbärmlichen Zustand zurücklassen zu müssen. Ich erwartete eigentlich täglich eine Katastrophe.

Bisher habe ich meistens in der Ich-Form geschrieben und versuche es auch so beizubehalten, ganz bewusst, da es sich um das Jahr meiner persönlichen Empfindungen handelt. Sollte ich mal die Wir-Form wählen, so hat auch das seine Richtigkeit und weist nur darauf hin, dass mein Mann Manfred immer mit viel Verständnis und zu meiner vollen Unterstützung an meiner Seite war. Wir haben alle Entscheidungen gemeinsam getroffen und es besteht kein Zweifel, dass ich diese Kraftakte ohne seine Unterstützung nicht überstanden hätte.

Traurige Zeit

Es war ein fast normaler Samstag in der Adventszeit. Mit dem Bruder meines Mannes und seiner Frau waren wir zum alljährlichen Gänseessen verabredet. Ich hatte eine schwere Erkältung, verzichtete deshalb auf meinen Gänseanteil und blieb zu Hause.

Kurz nach 21 Uhr rief mich meine Mutter an und teilte mir mit, dass Rudi wieder mal einen Schwächeanfall hatte und auf dem Weg ins Krankenhaus ist. Ich beruhigte sie, da es ja nichts Neues für uns war, und versprach ihr, mich darum zu kümmern und sie auf dem Laufenden zu halten.

Mein Anruf im Pflegeheim zerstörte jeden Hoffnungsschimmer und ich war sicher, diesmal würde es unser Rudi nicht schaffen. Sie schilderten mir, dass er nach dem gemeinsamen Abendessen im Kreis seiner Mitbewohner saß, als er plötzlich und völlig unerwartet zur Seite kippte und das Bewusstsein verlor. Sie konnten keinen Puls fühlen, zogen ihn aus seinem Sessel auf den Boden und versuchten ihn zu reanimieren. Zwei Pflegerinnen bearbeiteten ihn, bis der Notarzt ihn übernahm und in die Klinik nach Amberg brachte.

Ich wurde gegen 23 Uhr von der Klinik informiert, dass Rudi im Koma liege und wir uns keine großen Hoffnungen machen sollten, da uns sein körperlicher Zustand sicher nicht unbekannt sei und die Situation dadurch sehr erschwert werde.

Ich beruhigte meine Mutter und fuhr mit Manfred, der in der Zwischenzeit vom Gänseessen zurückgekommen war, nach Bayern. Um 5 Uhr kamen wir auf der Intensivstation an und erkannten, dass wir nichts tun konnten.

Da lag er, mein Rudi, ein mächtiger Leib unter einem dünnen Laken. Noch nie war mir aufgefallen, dass er so einen riesigen Kopf hatte. Schläuche über Schläuche führten in seinen Körper, der sich nur durch die Beatmungsmaschine bewegte. Ich kann nicht beschreiben, wie ich mich gefühlt habe und wie ich mich auch jetzt fühle, wieder an einem Morgen, kurz nach 3 Uhr, wenn ich diese Zeilen schreibe. Meine Welt brach zusammen und ich wusste, dass es nie mehr so sein würde, wie es gewesen war, und auch, dass noch schlimme Zeiten auf mich zukommen würden.

In einem kleinen Hotel in unmittelbarer Nähe des Pflegeheims quartierten wir uns ein und es war für viele Wochenenden unsere Bleibe.

Man kann sich inzwischen sicher vorstellen, wie diese Abschiede von Mutter und Rudi verliefen. Unser Alltag war nicht mehr der, den wir so gemocht hatten. Unser gemütliches Zuhause im

Rheinland war nicht mehr das, was es vorher gewesen war. Ich ging meiner Arbeit nach, Manfred, der schon lange im Ruhestand ist, organisierte unseren Haushalt und wir planten das nächste „Rudi-Mama-Wochenende".

Natürlich hatte ich mehr Kontakt denn je zu meiner Mutter und es entwickelten sich Gefühle, die mir bis dahin fremd gewesen waren. Wut und Zorn hatten keinen Platz mehr. Ihr und Rudi gehörten mein ganzes Mitgefühl. Mit anzusehen, wie meine Mutter darunter litt, ihren Rudi nicht um sich zu haben, wie sie nervös mit den Augen zwinkerte, wenn wir wieder mal ihren Wunsch ablehnten, sie mit ins Krankenhaus zu nehmen, war schrecklich. Während dieser ganzen Zeit haben wir ihr nie gesagt, wie es um Rudi wirklich steht. Wir haben ihr nie erzählt, dass er im Koma liegt. Wir haben ihr immer Grüße von ihm bestellt und ihr nie die Hoffnung genommen, ihren Rudi bald wieder zu sehen.

Mit den Ärzten hatten wir feste Zeiten vereinbart, an denen wir telefonierten und über seinen Gesundheitszustand sprechen konnten. An den Wochenenden waren wir in Bayern, trösteten unsere Mutter und saßen bei Rudi, der nichts davon bemerkte.

Wie man es immer in Filmen sieht, so war es auch bei uns. Wir saßen stundenlang bei ihm, streichelten seine Hände, berührten sein Gesicht, sprachen mit ihm und weinten. Da lag unser Rudi, in einem hoffnungslosen Zustand, ohne Zukunft und mit einem bis dahin erbärmlichen Leben, das vor mir ablief und meine Gefühlswelt völlig durcheinanderbrachte. Ich hätte ihm so sehr ein besseres Leben gewünscht und machte mir Vorwürfe, dass ich das hier nicht hatte verhindern können. Es war schrecklich, ihn so liegen zu sehen.

Rudis Ehe war nur von kurzer Dauer. Danach nahm unsere Mutter ihn wieder mit offenen Armen auf und kümmerte sich um ihn, so wie es früher immer gewesen war. Trotz getrennter Wohnungen sahen sie sich täglich und meine Mutter freute sich, ab sofort für ihn kochen zu dürfen, und war sehr froh, ihren Rudi wieder um sich zu haben. Nach dem Scheitern seiner Ehe begann er, unkontrolliert zu essen und zu trinken. Er trank keinen Alkohol, aber Unmengen süßer Getränke. Er hatte sein Gewicht nicht mehr unter Kontrolle und wurde krank. Zusammenbrüche, Kollapse und extreme Rückenschmerzen waren sehr oft der Grund, dass ihn zu jeder Tag- und Nachtzeit gerufene Notärzte ins Krankenhaus brachten und die Aufenthalte dort immer länger wurden. Seine Beine hatten kaum noch Durchblutung, wurden schwarz und immer dicker und offene Wunden heilten nur sehr schwer. Er konnte kaum noch gehen.

Seinen so geliebten Beruf als Sanitäter in einer großen Firma musste er aufgeben, da er bei Einsätzen für sich und andere zur Gefahr wurde. Das traurige Schicksal nahm seinen Lauf. Eigentlich hätte das alles mit einer vernünftigen Lebensweise und gesunder Ernährung verhindert werden können; aber unsere Mutter konnte ihm da keine Hilfe sein und wir auch nicht.

Spezielle Kuren, bei denen er unter ärztlicher Aufsicht abspecken sollte, blieben ohne Erfolg, da meine Mutter bei ihren Wochenendbesuchen genau das Falsche tat, indem sie ihm alle für ihn gefährlichen Leckereien mitbrachte. Die beiden hatten es einfach nicht begriffen, sie wollten nicht glauben, dass Rudis Zustand überwiegend auf Knödel, Schweinebraten und Spezi zurückzuführen war.

Natürlich kam auch die Zeit, als er seine Wohnung nicht mehr putzen und sich selbst nicht mehr pflegen konnte. Er wohnte in einer zweiten Etage und der Alltag war für ihn nicht mehr zu bewältigen. Den Weg zu Mutter an den Tisch schaffte er jedoch meistens, auch wenn sie ebenfalls in einer zweiten Etage wohnte.

Als er wieder mal im Klinikum Nürnberg lag, teilten uns die Ärzte mit, dass die Zerstörung seiner inneren Organe mit der eines langjährigen Alkoholikers zu vergleichen ist, ihnen aber bekannt ist, dass dieser Zustand allein durch falsches Essverhalten hervorgerufen worden ist. Seine Nieren versagten und es blieb ihm nur noch die Dialyse. Eine

Transplantation kam wegen seines Gesamtzustands nicht infrage.

Er kam wieder zurück in seine Wohnung und das Elend nahm weiter seinen Lauf, nur unterbrochen von regelmäßigen Fahrten zur Dialyse, wo man ihm Cola und Fanta in Mengen aus dem Organismus spülte. Er und unsere Mutter waren einfach nicht in der Lage, dieses Leben, das zum sicheren Tod führen würde, zu ändern.

In diesem Zustand hat er noch einige Zeit verbracht. Dialyse und andere Krankenhausaufenthalte wechselten sich ab. Bei der Notrufannahme und in den Krankenhäusern war er inzwischen bekannt, wurde aufgenommen, einige Tage versorgt und als hoffnungsloser Fall wieder nach Hause entlassen.

Eines Tages kam ein Anruf von einer Nachbarin aus unserem Heimatort in Bayern, die mir mitteilte, dass Rudi unten am Gartenzaun sitzt, ein blutüberströmtes T-Shirt trägt und bitterlich weint. Nun musste etwas passieren. Es konnte so nicht weitergehen. Auch für unsere Mutter wurde dieser Zustand unerträglich, da sich diese Attacken ständig vor ihren Augen abspielten.

Rudis Hausarzt, der sehr engagiert war und ihn und seine Krankheit immer ernst genommen hat, veranlasste mit großen Mühen die Unterbringung in einem Pflegeheim. Für seinen Einsatz und seine nie erschöpfte Energie bin ich ihm heute noch sehr dankbar.

Koma

Nun lag er hier auf der Intensivstation ohne Perspektive auf ein Weiterleben. Bei jedem unserer Besuche konnte man sehen, dass sein Körper weniger und auch sein Kopf kleiner wurde. Natürlich lief auch während dieser Zeit im Koma die Dialyse weiter. Für das Pflegepersonal war Rudi eine große Anstrengung und trotzdem habe ich nie Unmut oder gar Unfreundlichkeit gespürt. Man behandelte uns ausgesprochen nett, fast liebenswürdig. Wir beide, mein Mann Manfred und ich, waren die einzigen Kontaktpersonen für Rudi und es gab auch keine Besuchszeiten, an die wir uns halten mussten.

Bei einem Besuch, viele Wochen später, wurden wir von einem Arzt auf die Ethikkommission der Klinik aufmerksam gemacht, mit der man darüber sprechen konnte, ob der weitere Einsatz lebensverlängernder Maßnahmen noch sinnvoll war. Dieser Hinweis machte mir schwer zu schaffen und ich wollte davon nichts hören. Wie sollte ich so eine Entscheidung treffen, das kam überhaupt nicht infrage. Schon wegen meiner Mutter stand das nicht zur Debatte, da sie ja von seinem wahren Zustand nichts ahnte oder uns das zumindest glauben ließ.

Ein Krankenhauskeim, den sich Rudi in dieser Zeit noch einfing, brachte ihn auf eine Isolierstation und verschlechterte seinen Zustand. Wir durften nur noch in steriler Verkleidung zu ihm und konnten den Zustand kaum noch ertragen. Ein Einstieg in den wöchentlichen Arbeitsalltag fiel mir immer schwerer.

In dieser schweren Zeit wurde deutlich, dass sich unsere Mutter, die bisher so stark und kämpferisch gewesen war, gesundheitlich veränderte. Plötzlich verlor sie ihren bisher immer recht ordentlichen Appetit, übergab sich oft und hatte immer wieder Schwächeanfälle. Jetzt war unser Hausarzt wieder regelmäßig im Einsatz und informierte uns, dass es besser wäre, sie im Krankenhaus durchchecken zu lassen.

Es wurde alles in die Wege geleitet und nun lagen sie beide in verschiedenen Krankenhäusern, was wieder besondere Erschwernisse darstellte. Die Ärzte stellten bei unserer Mutter fest, dass sich der Krebs vermutlich auch in den Knochen ausgebreitet hatte und auch noch innere Organe betroffen waren.

Während sie da lag und keiner so richtig wusste, wie es weitergehen würde, organisierten wir einen ambulanten Pflegedienst, der sie versorgen sollte, wenn sie wieder nach Hause kommen würde. Manfred und ich stellten ihre Wohnung auf den Kopf und fanden schreckliche Zustände vor. Wir pendelten ständig zwischen Müllkippe, Baumarkt und Möbelhaus. Nach drei Wochenenden hatten wir einen ordentlichen Zustand und eine Basis geschaffen, die Mutter und Pflegekräften in Zukunft ein gemeinsames Miteinander ermöglichen würden.

Sie wurde wie geplant zu Hause versorgt, musste täglich gespritzt werden und bekam regelmäßig ihre Medikamente. Wenn die Schmerzen zu groß wurden, erhielt sie ihr Morphiumpflaster. Eine Frau aus der Nachbarschaft übernahm zweimal wöchentlich das Putzen der Wohnung und ich nahm an den Wochenenden ihre schmutzige Wäsche mit nach Hause.

Lange hielt dieser Zustand nicht. Sie war in den Nächten sehr hilflos und stürzte immer wieder, was große anhaltende Schmerzen zur Folge hatte. Sie wurde zunehmend schwächer und mir gingen die Gedanken durch den Kopf, dass ihr Körper nun aufgibt und sie sich ihre Kräfte die vielen Jahre nur für unseren Rudi bewahrt hat, weil er sie so sehr gebraucht hat.

Der behandelnde Arzt stellte fest, dass sie zusätzlich an einer Augenkrankheit litt, und schlug vor, sie umgehend zu operieren. Sie blieb nun länger in der Klinik als geplant, da wir eine ausreichende Nachversorgung zu Hause nicht gewährleisten konnten. Die Ärzte waren sehr kooperativ und zogen den Entlassungstermin zu unserer Entlastung, so weit es ging, in die Länge.

Unser inzwischen eingereichter Antrag auf Pflegestufe I wurde abgelehnt, da sich unsere Mutter am Tag der berühmten Überprüfung durch den medizinischen Dienst stark und selbstbewusst präsentierte. Sie könne, sobald sie wieder zu Hause ist, ihren ganzen Haushalt selbst erledigen und würde keine Hilfe brauchen, da sie damit sowieso nicht zufrieden sei und diese Leute alle nicht sehr nett seien.

Natürlich war es für die Damen vom Pflegedienst nicht einfach, meine Mutter zufriedenzustellen. Sie zeigte sich störrisch und uneinsichtig. Sie wollte sich lieber selber waschen, was zur Folge hatte, dass sie nicht gewaschen wurde und deshalb auch ungewaschen blieb. So konnte es einfach nicht weitergehen.

Ihr Krankenhausaufenthalt und die anschließende Problematik der Versorgung brachten uns auf die Idee, einen befristeten Kurzzeit-Pflege-Aufenthalt zu organisieren. Wir wünschten uns natürlich sehr, dass es ihr dort gefallen und sie sich entschließen würde zu bleiben.

Wir fanden diesen Platz in Rudis Pflegeheim. Unsere Mutter war einverstanden, dort einige Wochen zu bleiben, und war nun in Rudis eigentlicher Umgebung. Sie ging in sein Zimmer, sprach mit den Betreuerinnen über ihn und hoffte, dass er ihr nun bald Gesellschaft leisten würde. Mama hatte ein Doppelzimmer, das meistens von ihr allein bewohnt wurde. Sie lebte sich recht gut ein, nahm an den gemeinsamen Mahlzeiten teil und wünschte sich nur eins, nämlich Rudis Rückkehr.

Uns war klar, dass sie nie mehr in den eigenen Haushalt zurückkehren könnte, ihre Wohnung in der zweiten Etage nie mehr bewohnen würde. Sie davon zu überzeugen, würde jedoch noch ein anderes Thema werden.

Langsam brachten wir ihr immer wieder persönliche Dinge ins Pflegeheim. Bilder ihrer Kinder, Eltern und Großeltern hingen wir über ihrem Bett auf. Wir besorgten einen modernen Fernseher mit Fernbedienung, stellten schöne Blumen in die Vase und machten es ihr richtig nett. Ihre persönlichen Dokumente suchten wir zusammen und ordneten sie in einer Kiste. Wir sichteten Wäsche und Kleidung, nahmen alles mit ins Rheinland, wuschen und bügelten. Sie hatte nach kurzer Zeit ein perfekt ausgestattetes Zimmer mit ihren schönsten Dingen. Noch nie hatte sie in einer so geordneten und geregelten Umgebung gelebt. Sie konnte jeden Tag frische schöne Kleidung wählen, denn ihr Kleiderschrank war voll davon.

Wir planten ihr Bleiben im Pflegeheim und hofften, dass sie uns keine Steine in den Weg legen würde. Eigentlich wussten wir nicht, was kommen würde, wussten nur, dass es ein Zurück nicht geben könnte.

Rudi hatte in der Zwischenzeit schätzungsweise 30 Kilo Gewicht verloren und den üblen Keimbefall überstanden. Die Ärzte teilten uns mit, dass sie versuchen wollten, ihn aus dem Koma zu holen. Sein Zustand war für alle eine große Sensation und gab uns Hoffnung. Er hatte immer wieder kleine Wach-Phasen und die Ärzte nutzten diese, um ihn von der künstlichen Beatmung zu nehmen. Diese Versuche wurden mehrfach wiederholt, scheiterten aber häufig. Daher wurde ein Luftröhrenschnitt vorgenommen, der diesen Prozess erleichtern sollte.

Die Überraschung war groß und unsere Gefühle nicht zu beschreiben, als er an einem unserer Wochenenden mit offenen Augen im Bett lag. Per Händedruck konnte er mit uns kommunizieren und er weinte. Er weinte und wir weinten mit ihm. Rudi weinte sehr oft. Er war, was man kaum glauben konnte, sehr sensibel. Er weinte, wenn ich mit ihm telefonierte, er weinte besonders dann, wenn wir uns sahen oder wenn wir uns verabschieden mussten. Manchmal gab es Ausnahmen, wenn er mit Manfred telefonierte oder dieser mit ihm bei unseren Besuchen seine Späße machte. Rudis Weinen konnte ich schlecht ertragen.

Nach diesem Besuch waren wir einfach nur noch glücklich und stellten uns vor, wie ein Zusammentreffen von Mutter und Sohn ablaufen würde.

Nun endlich konnten wir Mutter etwas Gutes über Rudis Zustand erzählen und ihr auch Hoffnungen machen, dass er vielleicht bald ins Pflegeheim zurückkommen könne. Alles, was bis dahin gewesen war, behielten wir für uns. Sie hat es nie erfahren.

Noch in der Zeit der vierwöchigen Kurzzeitpflege wurde Rudi aus dem Krankenhaus entlassen und kam zurück in seine ihm so lieb gewordene Umgebung, die seine neue Heimat war. Er freute sich auf die netten und liebenswerten Mitarbeiter und Mitbewohner, die seine neuen Freunde waren. Sie hatten ihn alle sehr vermisst und sich sehr um ihn gesorgt.

Ein bisschen glücklich

Der Tag seiner Entlassung kam so spontan, dass es uns nicht möglich war, dabei zu sein. Am Wochenende aber war es so weit. Wir kamen zur Mittagszeit im Pflegeheim an, als alle bereits ihre Plätze zum Essen eingenommen hatten. Der Moment war unbeschreiblich, als wir den Flur entlang gingen und sahen, dass Rudi mit Mama an einem gemeinsamen Tisch zu Mittag aß.

Nach so langer Zeit waren die beiden, nein, waren wir alle wieder zusammen und es war einfach rührend. Rudi saß im Rollstuhl, da er noch sehr schwach war. Er kam damit aber ganz gut klar und wir machten uns alle auf den Weg in Mutters Zimmer, wo wir viel zu erzählen hatten. Besonders erstaunte uns Rudis Geschichte von den zwei grün verkleideten Personen, die ihn im Krankenhaus besucht hatten, die er aber nicht kannte.

Die Frage, ob Mutter sich denn jetzt entschieden habe, im Pflegeheim zu bleiben, stellten wir ihr erst ein Wochenende später und es überraschte uns auch nicht allzu sehr, dass sie unserem Vorschlag zustimmte. Ihr Argument jedoch war: Jetzt, wo mein Rudi wieder da ist, bleib ich halt auch.

Nun fuhren wir nicht mehr voll Angst und Ungewissheit nach Bayern, sondern freuten uns richtig aufs Wiedersehen. Immer, wenn wir die beiden besuchten, taten wir das zur Zeit des Mittagessens, da wir von diesem Anblick nicht genug bekommen konnten. Es war genau so, wie wir es uns so sehr gewünscht hatten. Es war ein idealer Zustand. Unsere beiden Sorgenkinder waren in den besten Händen und hatten sich wieder.

Beim zweiten Anlauf erhielten wir für meine Mutter die Pflegestufe 1 und damit hielt sich nun auch die finanzielle Belastung in Grenzen und die dauerhafte Unterbringung war problemlos möglich.

Mutters Haushalt war aufgelöst, alles was wichtig schien, hatte sie bei sich in ihrem schönen Zimmer. Als alles abgewickelt und Mutters Bleiben entschieden war, hatten wir meinen älteren Bruder darüber informiert und ihm als Hausbesitzer die Wohnungsschlüssel übergeben.

Damit war der Kontakt beendet und es gab für uns ab sofort keinen Grund mehr, dieses Haus zu betreten.

Mein älterer Bruder hat diese Entscheidung sicher herbeigesehnt. In der Zeit des Klinikaufenthalts unserer Mutter hatte er für sich entschieden, dass er die von uns täglich aus dem Krankenhaus überbrachten Informationen nicht mehr haben möchte. Er ging sogar so weit, uns zu sagen, dass er keine Mutter mehr habe.

Ich wünsche ihm so sehr, dass es ihm gelungen ist, seine schwierige Kindheit aufzuarbeiten. An dieser Stelle könnte eine weitere Geschichte beginnen, die viele Seiten füllen würde. Die Geschichte unserer schweren Kindheit, auch der meinen, die sich von der seinen nur darin unterscheidet, dass sie neun Jahre kürzer war, was auf den Altersunterschied zwischen uns zurückzuführen ist.

Nur so viel zu diesen Vorwürfen möchte ich sagen: Auch ich hätte ausreichend Gründe, meiner Mutter eine schwere Kindheit vorzuwerfen, will mir jedoch den Respekt vor einem alten und kranken Menschen bewahren. Falls eines Tages eine Bewältigung meiner persönlichen Kindheitssituation notwendig werden sollte, hoffe ich, dass niemand außer mir selbst darunter zu leiden hat.

Ganz leicht fiel mir die Entscheidung nicht, dem Haus für immer den Rücken zu kehren. Immerhin war es das Haus, in dem wir alle drei geboren worden waren und unsere Mutter fast 70 Jahre gelebt hatte. Auch meiner Mutter fiel dieser harte Abschied schwer. Immer wieder fragte sie nach ihren schönen Möbeln und was wohl damit passieren würde. Sie sprach sogar davon, vielleicht doch mal wieder in ihre Wohnung zurückgehen zu können. Immer wieder vermisste sie bestimmte Kleider, Schuhe oder einen Bademantel. Irgendwann fanden wir dann doch den Mut, ihr die Entscheidung einer möglichen Rückkehr abzunehmen, und informierten sie, dass es diese Wohnung nun nicht mehr gibt. Rudi hat uns dabei sehr unterstützt und trug dazu bei, dass sie das Pflegeheim als ihre neue Heimat betrachtete.

Rudi wurde intensiv von Physiotherapeuten behandelt und wieder regelmäßig zur Dialyse gebracht. Wenn er jetzt erschöpft von diesen anstrengenden Sitzungen zurückkam, war er nicht allein, denn unsere Mutter erwartete ihn. Sie verbrachten gemeinsam den Rest des Tages, tranken gemeinsam Kaffee und nahmen das Abendessen mit allen anderen Bewohnern ein. Die meiste Zeit hielten sie sich in Mutters Zimmer auf, schließlich hatte sie ja jetzt den besseren Fernsehapparat.

Da Rudi kein Geld hatte und von seiner Betreuerin nur wenig Taschengeld bekam, kauften wir ihm ein aufladbares Handy und Mutter richteten wir einen Festnetzanschluss mit schnurlosem Telefon ein, damit wir uns gegenseitig jederzeit erreichen konnten.

Wir besuchten beide, so oft wir konnten, und wünschten uns, dass es so noch viele Jahre bleiben würde.

Ein schönes, fast unbeschwertes Jahr war uns allen noch beschieden und wir genossen es, so gut wir konnten.

Zusammenbruch

Der behandelnde Arzt schlug vor, für meine Mutter eine umfassende Betreuung mit Bestimmung des Aufenthaltsortes und der Gesundheitsfürsorge einzurichten.

Immer häufiger erhielten wir nun Anrufe aus dem Pflegeheim und wurden um Rat gefragt, was zu tun sei und wie sie vor Ort entscheiden sollten. Es passierte immer öfter, dass Mutter das Essen verweigerte oder es sofort wieder erbrach. An unseren Besuchswochenenden fütterten wir sie, sprachen ihr gut zu und versuchten sie von der Notwendigkeit des Essens zu überzeugen. Sie übergab sich dabei oft mit einer solchen Heftigkeit, dass einem angst und bange werden konnte. Wenn wir sie danach in ihr Zimmer brachten, war sie völlig erschöpft. Ich wusch sie, zog ihr frische Kleidung an und schnitt ihr die Fingernägel. Sie hatte ganz schmale zierliche Hände und wirkte inzwischen überhaupt sehr zerbrechlich.

In solchen Momenten hatte sie dann wieder das Blinzeln mit den Augen und ich glaube, dass das ihre Art zu weinen war. Richtiges Weinen habe ich bei ihr lange nicht gesehen. Diese Momente waren etwas ganz besonderes. Niemals (ich hätte es geschworen!) wäre ich früher in der Lage gewesen, meine Mutter oder ihr gar Erbrochenes von Gesicht und Händen zu waschen. Dies waren nun ganz liebevolle, ganz zärtliche Situationen und ich hätte es jederzeit wieder getan.

Wenn wir wieder zu Hause waren, vermisste ich meine Mutter sehr, besser gesagt, ich vermisste beide.

Es gab immer wieder kleine Unfälle, die uns jedoch große Sorgen bereiteten. Sie stürzte beim Duschen oder nachts auf dem Weg zur Toilette. Sie hat sich dabei nichts gebrochen, musste aber lange Zeit immer mit starken Schmerzen kämpfen.

Ein erneuter Sturz im August 2009 hatte einen längeren Krankenhausaufenthalt zu Folge. Bei einer gründlichen Untersuchung wurde festgestellt, dass sie wahrscheinlich einen Tumor in der Lunge und viele Metastasen in den Knochen hatte. Nun war die Situation umgedreht. Wir konnten Rudi nicht in die Klinik mitnehmen und ihm auch über den Zustand unserer Mutter nicht so ganz die Wahrheit sagen.

Bei unseren Besuchen im Krankenhaus wirkte Mutter ganz vital, lachte über Manfreds Scherze und witzelte sogar mit ihm. Aufgrund ihrer hohen Gewichtsabnahme war ihr die Armbanduhr so groß geworden, dass sie fast bis zum Ellenbogen reichte. Sie wünschte sich zu ihrem 90. Geburtstag am

6. April 2010 eine neue und wir wollten ihr diesen Wunsch sehr gerne erfüllen.

Zwischenzeitlich hatten wir zugestimmt, die Betreuung für unsere Mutter ebenfalls in die Hände von Rudis Betreuerin zu geben. Medizinisch notwendige Entscheidungen konnten so schneller getroffen werden. Die Betreuerin, der wir sehr vertrauten, hat uns jedoch bei allen Fragen und Entscheidungen mit einbezogen und es nie versäumt, uns zu informieren. Sie bemühte sich aufmerksam um beide und wir waren für diese Hilfestellung sehr dankbar.

Der nächste Anruf aus der Klinik forderte unsere ganze Kraft, da wieder mal eine wichtige Entscheidung zu treffen war. Da Mutter weiterhin kein Essen und noch weniger Flüssigkeit zu sich nahm, wollte man von uns die Zustimmung oder Ablehnung zum Einsetzen einer Magensonde. Wir stimmten diesem Eingriff zu, da wir derzeit keine andere Möglichkeit sahen, Mutter wieder zu Kräften zu bringen. Die Magensonde könnte ja später wieder entfernt werden.

Sie wurde wieder ins Pflegeheim, ihr neues Zuhause, zurückgebracht. Dort wurde sie nun per Sonde mit Nahrung und Flüssigkeit versorgt. Ihr Bett wurde zur Vermeidung von Stürzen mit einem Gitter gesichert. Wir waren jedes Wochenende bei ihr und blieben manchmal sogar bis Montag. Eine Verbesserung ihres Zustandes konnten wir nicht feststellen.

Rudi hielt uns während der Woche auf dem Laufenden und machte keinen Hehl daraus, dass es nicht gut um unsere Mutter stehe, ihr Zustand kritisch sei. Bedingt durch die vielen Medikamente schlafe sie viel und sie seien froh, dass sie keine Schmerzen habe. Bei unseren Gesprächen klang Rudi wie der Sanitäter zu früheren Zeiten. Es erstaunte uns sehr, wie er mit dieser Situation umging, ganz anders, als wir es erwartet hatten. Er wirkte stärker und gefasster als ich und erklärte uns sehr viel mit seinen medizinischen Sanitäter-Kenntnissen. Die Zeiten vor oder nach seinen Dialyse-Sitzungen verbrachte er bei unserer Mutter und war für uns in dieser Zeit die wichtigste Kontaktperson. Er kümmerte sich in seiner etwas rauen Art wirklich rührend um unsere Mutter und sie reagierte auch immer auf seine Fragen, indem sie die Augen öffnete und ihn ansah. Er saß bei ihr, ging zu seinen Essenszeiten in den Speisesaal und war danach wieder bei ihr.

Freitag, den 13.11.2009 waren wir wieder in Bayern und verbrachten die Tage bis Sonntag bei Mutter, Rudi immer an unserer Seite, fehlte nur wegen der Dialyse am Samstag.

Wir weckten Mutter so oft wie möglich, weil wir dachten, sie damit in unsere Gespräche mit einbeziehen zu können, sie am Leben teilhaben zu lassen. Immer, wenn wir sie ansprachen, hatten wir das Gefühl, sie aus dem Tiefschlaf zu holen.

Ich bat den behandelnden Arzt um ein offenes Gespräch und er sagte mir: „Ich sehe Ihre Mutter noch nicht sterben."

Am Sonntag, den 15.11.2009 verabschiedeten wir uns von ihr mit einem Kuss auf die Wange. Wir sahen unsere Mutter an diesem Sonntag zum letzten Mal lebend.

Nach der Mitteilung vom Tod meiner Mutter fuhren wir sofort los, um da zu sein, wenn Rudi aus der Dialyse zurück ins Pflegeheim kommen würde. Die Leiterin hatte uns die Entscheidung überlassen, ob wir uns von unserer Mutter ein letztes Mal verabschieden wollten.

Zur Trauer um unsere Mutter kam nun wieder die große Sorge um Rudi. Als wir ankamen, wurden wir von einer traurigen Atmosphäre empfangen: Auf einem Tisch im Eingangsbereich stand eine Gedächtnistafel, daneben ein Fotoalbum mit Erinnerungen aus geselligen und schönen Zeiten.

Rudi saß in seinem Rollstuhl vor ihrem Zimmer und wartete bereits auf uns. Ihre Tür hatte man zur Wahrung der Totenruhe abgeschlossen, ihr Namensschild war mit einer schwarzen Schleife versehen.

Wir wollten Rudi selbst entscheiden lassen, wie die nächsten Minuten ablaufen sollten, und waren uns einig, gemeinsam Abschied von ihr zu nehmen.

Diese letzten beiden Stunden bei unserer Mutter möchte ich für immer in meinem Gedächtnis behalten und nicht beschreiben.

Während ich schreibe, weine ich sehr viel und bin froh, dass Manfred das nicht immer mitbekommt, er würde mir das Schreiben sonst möglicherweise verbieten. Ich wünsche mir, diese Traurigkeit wäre bald zu Ende.

Abschied

Am nächsten Tag organisierten wir den Ablauf der Bestattung, wie es üblich ist, und einigten uns auf den 3. Dezember 2009 als Tag der Beisetzung.

Das Grab hatten wir vorsorglich erworben, als Rudi im Koma gelegen hatte und wir davon ausgehen hatten müssen, dass er noch vor unserer Mutter sterben würde.

Das Zimmer unserer Mutter konnten wir bis zur Beerdigung nicht unberührt lassen und begannen, den kleinen Wohnbereich aufzulösen. Rudi erhielt das gesamte Bargeld in Höhe von 270,00 €, das Mutter bei sich hatte sowie ihren schönen Fernseher. Ihre persönlichen Dinge, Dokumente und Fotos nahmen wir mit nach Hause, wo sie auch heute noch unberührt lagern. Ich bin noch nicht so weit, mir die Fotos unserer Kindheit anzuschauen. Den wenigen Schmuck, der außer ihrem Ehering ausschließlich aus Geschenken von uns bestand, nahmen wir ebenfalls mit, ebenso ihre zu große Armbanduhr. Das Pflegeheim hatte kein Interesse an Kleidung oder sonstigen Hinterlassenschaften, sodass wir noch am selben Tag alles andere zur Kleiderstation des Roten Kreuzes brachten.

Bei unserer Rückreise am Mittwochabend konnten wir Mutters Zimmer bereits dem Pflegeheim übergeben.

Diesmal fiel uns der Abschied von Rudi besonders schwer, ich hätte ihn am liebsten mit nach Hause genommen. Ich sehe ihn immer noch vor mir, wie er uns in seinem Rollstuhl sitzend draußen vor dem Eingang zuwinkt und weint. Wir telefonierten in dieser Zeit mehrfach täglich miteinander. Er war erstaunlich gefasst und bereitete sich wie auch wir innerlich auf die Beerdigung vor.

Ich informierte meinen älteren Bruder über den Tod unserer Mutter und bat ihn um ein Zeichen. Das war nun tatsächlich der letzte Kontakt, denn ich habe auf mein Schreiben nie wieder etwas von ihm oder seiner Familie gehört.

Bei einem Versand für Kleidung in Übergrößen bestellten wir für Rudi Kleidung für die Beerdigung. Manfred schenkte ihm eine von seinen warmen Winterjacken.

Von zu Hause wurden E-Mails mit dem Bestattungsunternehmen und dem Pfarrer meines Heimatortes ausgetauscht. Ich fasste das Leben unserer Mutter in einem kleinen Text zusammen, der in die Grabrede eingebaut werden sollte. Die Passage daraus, dass Mutter in der Beziehung zu unserem Vater (Rudi und ich sind unehelich geboren) nicht sehr glücklich gewesen war, hat er einfach weggelassen, ansonsten hat er den gesamten Text wortwörtlich wiedergegeben. Ein Arbeitskollege war mir bei der Gestaltung einer Karte behilflich, die ich nur an einen kleinen Personenkreis versendet habe. Mit dem ortsansässigen Blumengeschäft sprach ich die Fragen des Blumenschmucks und der späteren Grabgestaltung ab.

Eins der letzten Fotos unserer Mutter, einige Monate vorher aufgenommen, schmückte die erste Seite der Karte:

„Es nimmt der Augenblick, was Jahre gegeben."
Trotz schwerer Krankheit ist unsere Mutter

Margarete Kohl
Geboren am 06.04.1920

überraschend und für uns viel zu früh am 17.11.2009 gestorben.
Sie hatte sich in ihrer neuen Umgebung des Seniorenzentrums gut eingelebt und wurde von liebenswerten Menschen versorgt und gepflegt.
So sehr hätten wir ihr dort noch einige schöne Jahre gewünscht.
„Aber niemals geht unsere Mutter so ganz, ihre Stimme im Ohr, ihr Bild vor Augen, sie ganz in unseren Herzen."

Wir werden sie in aller Stille im engsten Kreis bestatten.
Rudi, Tamara und Manfred

Die Bestattung war für 14 Uhr vereinbart und wir trafen an diesem Tag um die Mittagszeit bei Rudi ein, der für diesen Tag von der Dialyse befreit war. Ich war sehr froh, ihn in relativ stabiler Verfassung zu sehen. Wir weinten zusammen und begannen, Rudi für die Fahrt zum Friedhof vorzubereiten. Seine gesamte Kleidung für diesen Tag war neu. Er trug eine schöne schwarze Hose, die nur mithilfe eines Hosenträgers an seinem mächtigen Körper hielt. In den warmen winterlichen Stiefeln, dem weiten schwarz-weiß gestreiften Hemd und Manfreds dicker Winterjacke sah Rudi richtig nett aus und es war rührend, wie ihn alle in seinem neuen Outfit bewunderten. Er beschloss, den Rollstuhl nicht mitzunehmen und entschied sich nur für Gehhilfen.

Der gesamte Tag begann sehr traurig und es sollte noch viel trauriger werden. Obwohl wir keine Anzeige veröffentlicht hatten, kamen Nachbarn und Bekannte, um unserer Mutter die letzte Ehre zu geben. Bei einigen war es vielleicht auch Neugier, ob unsere Familie komplett anwesend sein würde.

Wir verzichteten auf den üblichen Leichenschmaus und fuhren mit Rudi ins Pflegeheim zurück, wo wir noch lange zusammensaßen und uns gegenseitig trösteten. Im Anschluss fuhren wir zurück ins Hotel, wo wir uns bis Montag einquartiert hatten. Am Samstag trafen wir uns mit Freunden, die zwischenzeitlich angereist waren, im Pflegeheim. Dort fand an diesem Tag ein Weihnachtsmarkt statt. Rudi erwartete uns bereits und war wieder in erstaunlich guter Verfassung, obwohl er an diesem Tag schon eine Dialyse hinter sich gebracht hatte.

Im Hof waren nette Stände aufgebaut. Es wurde Selbstgebasteltes, Gestricktes und Gebackenes angeboten. Wir kauften Marmelade und Johannisbeerlikör. Die weihnachtliche Stimmung war für mich schrecklich und rührend zugleich und ich konnte trotz aller Anstrengung die Tränen nicht verhindern. Als der Posaunenchor Weihnachtslieder spielte, war ich mit meiner Beherrschung am Ende und der Verlust unserer Mutter wurde mir wieder so richtig bewusst. Der nächste Abschied stand schon bevor und ich hatte große Angst davor. Ich hätte am liebsten meine Zelte im Rheinland abgebrochen, um immer in Rudis Nähe zu sein.

Wir zogen uns in Rudis Zimmer zurück, wo wir ihm sein Weihnachtsgeschenk überreichten. Er hatte sich eine digitale Armbanduhr gewünscht und natürlich bekam er auch noch einige Euros für laue Zeiten. Als sich die Bewohner zum Abendessen versammelten, nahmen wir Abschied und versprachen Rudi, viel zu telefonieren und bald wieder zu kommen.

In den folgenden Tagen freuten wir uns mit Rudi, da ihm die Heimleitung ein Kätzchen als

Haustier besorgt hatte. Da er sehr tierlieb war und in seinem früheren Leben auch immer Haustiere gehabt hatte, war das für ihn ein wunderbares Mittel zur Ablenkung. Rudi war nun sehr viel mit seiner Minka beschäftigt und wir glaubten sogar zu spüren, dass er glücklich war.

Die Wochen vergingen, wir telefonierten immer wieder mit Rudi und freuten uns, wenn er uns Geschichten von seiner Minka erzählte. Trotzdem hatte ich noch nie so viel Trauer empfunden und noch nie so viel geweint. Es gab kaum einen Tag ohne Tränen.

Im folgenden Januar waren Manfreds Hüftschmerzen so stark, dass er sich kurzfristig für eine Operation und somit für eine neue Hüftprothese entschieden hat. Alles verlief planmäßig und nach insgesamt sechs Wochen hatte er OP und Rehabilitation hinter sich. Er musste jedoch sehr auf seine Bewegungen achten und nahm viele Wochen unterschiedlichste Hilfsmittel, wie Strumpf- und Schuhanzieher, in Anspruch. Er achtete sehr auf seine gymnastischen Übungen und war äußerst diszipliniert.

Unseren für Ostern geplanten Besuch bei Rudi mussten wir auf einen späteren Zeitpunkt verlegen, da bei Manfred unvorhergesehene Komplikationen auftraten. Bei kleinsten Bewegungen sprang mehrfach innerhalb kurzer Zeit seine Hüfte aus dem Gelenk, wobei frisches und neu gebildetes Narbengewebe immer wieder zerstört wurde. Seine Schonungsphase zog sich deshalb somit weiter in die Länge.

Im Frühjahr ließen wir Mutters Grab schön anlegen und neu gestalten. Eine Teilfläche wurde mit grau-weißem Donaukiesel belegt, den beerdeten Bereich haben wir in den Farben weiß und gelb bepflanzt. Manfreds Bruder schenkte uns eine schöne Grablampe, in der ab sofort für unsere Mutter eine Kerze brennen sollte. Die Gravur des Grabsteins durch den Steinmetz konnte jedoch nicht vor dem Sommer durchgeführt werden.

Wir versprachen Rudi, ihn am Wochenende vom 18. bis 20.06.2010 zu besuchen. Durch sehr viel zusätzliche Krankengymnastik stabilisierte sich Manfreds Hüfte und es sah ganz so aus, als ob wir den Besuchstermin einhalten könnten. Gleichzeitig und im Anschluss an Rudis Besuch planten wir weitere zwei Wochen Urlaub im Voralpenland, wo wir im Ferienhaus von Freunden wohnen konnten. Die große Überraschung für meinen Manfred sollten Karten für die Passionsfestspiele in Oberammergau sein, die ja nur alle zehn Jahre stattfinden und dann immer ein großes Ereignis sind.

Die Trauer nimmt kein Ende

Der 11. Juni 2010 begann wieder wie ein ganz normaler Freitag im Büro. Wir hatten für das Wochenende nichts Besonderes geplant, da wir ja bereits in der folgenden Woche nach Bayern reisen wollten und entsprechende Vorbereitungen dafür notwendig waren.

Es sollte kein normaler Freitag bleiben.

Kurz nach zehn wurde ich von der Pflegedienstleiterin darüber informiert, dass Rudi einen Schwächeanfall erlitten habe und mit dem Rettungswagen auf dem Weg zum Krankenhaus sei. Nachdem sich der erste Schreck gelegt hatte, war ich ganz sicher, dass er auch das überstehen und bald wieder auf den Beinen sein würde. Ich war zuversichtlich und führte diese Attacke auf die große Hitze und Schwüle zurück, die schon am Morgen spürbar gewesen war. Die Pflegedienstleitung hatte versprochen, uns auf dem Laufenden zu halten. Trotzdem beschlossen Manfred und ich, noch am selben Tag zu ihm zu fahren.

Kurz vor 11 Uhr erhielt ich den Anruf, der alles Geplante über den Haufen warf.

Mir wurde mitgeteilt, dass es Rudi nicht geschafft hatte. Ich schrie meine Trauer laut hinaus und konnte mich nicht mehr beruhigen. Kollegen und Chefs boten mir an, mich nach Hause zu fahren. Ich wollte alleine sein, alleine mit meinem grenzenlosen Schmerz um Rudi.

Ich kann mich nur noch schwach an die Autofahrt erinnern. Zu Hause angekommen hatte Manfred bereits Kontakt zu Krankenhaus und Pflegeheim aufgenommen und man versuchte mich damit zu trösten, dass Rudi nicht hatte leiden müssen und auch nicht mehr zu Bewusstsein gelangt war.

Später erfuhren wir auch, wie alles geschehen war: In seinem Rollstuhl stand er früh morgens im Hof und leistete dem Hausmeister Gesellschaft beim Mauern einer Kräuterschnecke. Alles deutete darauf hin, dass es ein heißer Tag werden würde, und natürlich machte Rudi diese Hitze schwer zu schaffen.

Als der Hausmeister keine Antworten mehr von Rudi erhielt, drehte er sich um und dachte im ersten Moment, dass dieser eingeschlafen sei. Als Rudi auf seine Anrede nicht reagierte, rief er um Hilfe und dann ging alles sehr schnell. Mit vereinten Kräften brachte man den Bewusstlosen ins Haus und informierte sofort den Notarzt. Rudis Puls war nur sehr schwach zu spüren.

Obwohl die Rettungssanitäter und Notärzte Rudi seit langer Zeit kannten und ihnen seine

Krankheitsgeschichte bestens geläufig war, taten sie alles, um ihn ins Leben zurückzuholen. Doch selbst Adrenalinspritzen direkt ins Herz hatten keinen Erfolg. Nur noch der schwache Puls ließ Leben ahnen. In der Klinik gingen die Versuche der Reanimation weiter, bis auch sein schwacher Puls nicht mehr spürbar war.

Wir packten nur das Notwendigste zusammen und fuhren los. Wir wollten Rudi unbedingt noch einmal sehen. Von unterwegs telefonierten wir mit der Klinik und kündigten unser Erscheinen an.

Sehr rücksichtsvoll und mit viel Gefühl bat man uns, von einem persönlichen Abschied abzusehen. Wir wollten uns jedoch nicht darauf einlassen und versicherten den Klinikmitarbeitern, dass wir Rudis Anblick nicht scheuen würden. Erst als klar wurde, dass wir von unserem Vorhaben nicht abzubringen waren, schenkte man uns reinen Wein ein: Wegen der großen Hitze hatte man Rudi sofort ins Kühlhaus der Pathologie bringen müssen. Sein mächtiger Körper hatte die Aufbewahrung in einer der oberen Schubladen notwendig gemacht, da dort die größten Schubladen vorhanden waren. Ein Hinaufklettern über eine Leiter wollte man uns nicht zumuten und wir wollten den Mitarbeitern der Pathologie ein erneutes Verladen des massigen Körpers ersparen.

Da der Kontakt zu den für eine Beerdigung erforderlichen Institutionen noch frisch war und alle

Telefonnummern im Handy gespeichert waren, konnten wir auch diese formellen Angelegenheiten von unterwegs organisieren und alles Notwendige in die Wege leiten. Ob Bestattungsinstitut, Pfarrer oder Blumenladen, alle waren tief betroffen. Die Inhaberin des Blumenladens konnte es nicht glauben, da sie Rudi zwei Wochen vorher in Begleitung eines Pflegeheimbetreuers noch auf unserer heimischen Kirmes begegnet war.

In unserer vertrauten Pension bezogen wir ein Zimmer und machten uns auf den Weg in die Klinik. Dort überreichte uns eine Schwester die wenigen Habseligkeiten, die Rudi bei sich gehabt hatte: Seine Armbanduhr und die Kleidungsstücke, die man ihm vom Leib geschnitten hat. Man versicherte uns auch hier, dass er das Bewusstsein nicht mehr erlangt und ganz sicher keine Schmerzen ertragen hatte müssen.

Der schlimmste Weg stand uns noch bevor. Im Pflegeheim, die letzte Heimat von Mutter und Rudi, herrschte Ausnahmezustand, besser beschrieben, alle standen unter Schock. Die alten, kranken Leutchen und das gesamte Pflegepersonal waren so betroffen, dass ein normaler Tagesablauf nicht möglich war. Im Aufenthaltsraum richtete die Heimleitung alles für einen Trauergottesdienst ein, wo man gemeinsam um Rudi weinen und für ihn beten konnten. Wie beim Tod unserer Mutter schmückten schwarze Bänder, Gedenktafeln und Fotos Rudis ehemaligen Aufenthaltsbereich. Es wurde sehr viel geweint und die Trauer war groß.

Viele hatten zu Rudi eine besondere Beziehung. Er war mit großem Abstand der Jüngste und der Fröhlichste von allen gewesen. Er hatte gesungen, wann immer ihm danach gewesen war, Lieder von den Flippers und Amigos.

In Rudis Zimmer war alles so, wie wir es kannten. Die Wände waren dekoriert mit Fanartikeln seines Lieblingsvereins, des FC Bayern München. Sein Rollstuhl, in dem er am Vortag noch gesessen hatte, stand in der Ecke. Überall war Rudi präsent.

Ich hoffte sehr, seinem Kätzchen Minka nicht über den Weg zu laufen. Rudi hatte es sehr geliebt. Es hatte mit ihm in seinem Bett geschlafen und war in seinem Zimmer, das im Erdgeschoss mit Ausgang zum Hof lag, aus- und eingegangen. Minka ließ jedoch nicht lange auf sich warten. Wir konnten mit ihr schmusen, sie ließ sich kraulen und schlich uns ständig um die Beine. Auffallend war, dass sie ständig hinter Manfred her stiefelte, was immer er tat.

Wir nahmen uns aus Rudis Musiksammlung zwei seiner Lieblings-CDs von den Flippers und Amigos.

Die Zeilen, die Rudis Tod und die Zeit danach beschreiben, waren die schwierigsten. Ich weinte ununterbrochen, wollte aber nicht, dass Manfred diesen Zustand mitbekam. Er saß neben mir auf dem Sofa und war eingeschlafen. Ich möchte nicht, dass er das tatsächliche Ausmaß meiner Traurigkeit kennt, ich möchte nicht, dass er wahrnimmt, wie es in meinem Inneren aussieht.

Unter Rudis Habseligkeiten fanden wir, sorgfältig in eine Folie gepackt, seine Uniformmütze von der freiwilligen Feuerwehr. Ebenso den sehr ordentlich aufbewahrten Erste-Hilfe-Koffer vom Bayerischen Roten Kreuz. Beides hatte er immer voller Stolz getragen, wenn er zum Einsatz eingeteilt war. Diese persönlichen Erinnerungsstücke sind richtige Schmuckstücke und werden bei uns immer einen Ehrenplatz einnehmen und uns jederzeit an Rudi erinnern.

Alle anderen Besitztümer wie seine Digitalkamera, Handy und seine gesamte Musikanlage nebst seiner großen Plattensammlung verteilten wir unter seinen Lieblingspflegerinnen oder spendeten sie dem Pflegeheim. Gut erhaltene oder neue Kleidungsstücke übergaben wir einem Bewohner mit ähnlicher Größe. Dieser übernahm auch sofort die Verantwortung für Rudis Minka, und wie wir später erfuhren, konnte er sogar in Rudis Zimmer umziehen.

Rudis Beerdigung planten wir für den 18.06.2010, an dem Tag, an dem wir ihn hatten besuchen wollen.

Wieder gestaltete ich eine Trauerkarte. Die erste Seite zeigte ein letztes gemeinsames Foto mit

Rudi, Manfred und mir, aufgenommen im Pflegeheim auf dem Weihnachtsmarkt nach Mutters Beerdigung.

Wieder wurde der Text für eine Trauerkarte sorgfältig gewählt:

„Es nimmt der Augenblick, was Jahre gegeben."

Trotz schwerer Krankheit ist mein Bruder
RUDI BAUER, geb. am 05.08.1957,
überraschend und viel zu früh am 11.06.2010 gestorben.

Sein *Zuhause war das Seniorenzentrum „Bühler Höhe"*
in Sulzbach-Rosenberg.
Seine *Freunde waren all die Menschen, die sich täglich*
um ihn gesorgt und bemüht haben.
Seine *Nachbarn und Weggefährten waren die Menschen,*
die mit ihm dort lebten.
Sein *Alltag war geprägt von anstrengenden Dialysen und*
damit verbundenen Qualen.
Sein *Tod war still und schmerzlos und wir danken für*
diese Gnade.
Seine *Mutter hat ihn nach nur wenigen Monaten zu*
sich genommen, darüber sind wir traurig und doch tröstet
es uns.

„Aber niemals gehen Mutter und Rudi so ganz,
ihre Stimmen im Ohr, ihre Bilder vor Augen,
beide ganz in unseren Herzen."

Wir haben sie geliebt, so wie sie waren.

Wir werden Rudi in aller Stille bestatten und bitten dafür um Verständnis.

Tamara und Manfred

Wieder bat der Pfarrer, der Rudis Bestattung begleiten sollte, um einen kleinen Lebenslauf. Ich schickte ihm wenige Zeilen, die Rudis Leben gut beschrieben:

„Rudi ist als drittes Kind unserer Mutter Margarete Kohl am 05.08.1957 in Hartmannshof geboren. Seinen Vater hat er nie kennengelernt.

Er wuchs mit seinen beiden Geschwistern Reinhold und Tamara in Hartmannshof auf, ging dort zur Schule und machte eine Lehre zum Maler und Lackierer. Dieser Beruf wurde jedoch nicht zu seiner Leidenschaft.

Seine ganze Aufmerksamkeit gehörte der freiwilligen Feuerwehr und dem Bayerischen Roten Kreuz. Seine gesamte freie Zeit widmete er diesen Organisationen und deren Uniformen trug er voller Stolz. Nach vielen Jahren freiwilliger Einsätze machte er eine seiner Leidenschaften zum Beruf.

Er war bei den FAUN-Werken als Gabelstaplerfahrer tätig und absolvierte in dieser Zeit eine Fortbildung zum Betriebssanitäter. Nun war er da angekommen, wovon er immer geträumt hat. Der Erste vor Ort zu sein, um anderen Menschen in Not zu helfen.

In dieser Zeit lernte er bei einem Wochenendeinsatz in Hersbruck seine spätere Ehefrau kennen, mit der er einige glückliche Jahre verlebt hat.

Die Ehe zerbrach und die Krankheit begann schleichend Rudis Körper zu zerstören. Seine große Schwäche, das „übermäßige Essen" wurde zur tödlichen Krankheit, die ihm nach vielen Jahren nun viel zu früh das Leben genommen hat.

Bis zum Schluss hat er sich die Liebe zur Musik bewahrt und hat gesungen, wo und wann immer er in Stimmung war.

Zum Abschluss wurde eines seiner Lieblingslieder von den Flippers mit dem Titel „Bye Bye bis morgen" gespielt. Manfred und ich hatten es mit Bedacht gewählt und es uns vorher sehr oft angehört, um diese Situation auf dem Friedhof zu überstehen.

Auch heute noch gibt es Tage, an denen ich, wenn ich alleine bin, diese CD auflege und mich Schmerz und Trauer überfallen. Ich weiß nicht, woher diese starken Empfindungen und diese unendlich traurigen Gedanken kommen. Wie lange wird es noch dauern, dass ich an unseren Rudi denken kann, ohne zu verzweifeln. Wie lange wird es dauern, bis ich sein Bild nicht mehr vor mir habe: Rudi im Rollstuhl, in Erwartung auf unseren Besuch oder bei den Mahlzeiten im Pflegeheim. Wann werde ich diese Gedanken los, dass ich ihm seinen großen Wunsch, einige Zeit bei uns im Rheinland zu verbringen, nicht erfüllt habe.

Heute Abend sitze ich alleine an meinem PC und lasse den Tränen und der unendlichen Traurigkeit freien Lauf. Ich hätte ihm so sehr ein besseres Leben gewünscht. Ich würde ihm so gerne noch viele Jahre seine bescheidenen Wünsche erfüllen. Ich wünsche mir so sehr seine regelmäßigen Anrufe, mit denen er mich darauf aufmerksam gemacht hat, sein Handy aufzuladen oder ihm eine neue Jogginghose zu besorgen. Ich wünsche so sehr, er wäre noch da.

Er ist stets in meinen Gedanken. Immer, wenn ich etwas Schönes sehe, sind meine Gedanken bei ihm und ich werde traurig, dass er das alles nicht mehr erleben kann. Ein Spaziergang durch die Sonne, der Besuch bei uns im Rheinland oder einfach nur schöne Musik aus dem Radio. Ich wünschte, ich hätte ihn von seiner schrecklichen Sucht befreien können. Ich vermisse ihn so sehr.

Als wir Rudis Urne neben unserer Mutter beisetzten, regnete es. Im Fernsehen lief genau zu dieser Zeit ein WM-Fußball-Spiel mit deutscher Beteiligung. Vertreter seiner geliebten Feuerwehr waren anwesend und schmückten sein Grab mit Blumen. Die Leiterinnen des Pflegeheims und viele Mitarbeiterinnen begleiteten uns auf diesem schweren Weg. Sogar einige Mitbewohner ließen es sich nicht nehmen und standen an Rudis Grab.

Im Anschluss an die Beerdigung fuhren wir zurück zum Pflegeheim, wo man für uns im Aufenthaltsraum eine Kaffeetafel gedeckt hatte. In der hauseigenen Küche hatte man verschiedene Kuchen gebacken und alle Bewohner und Mitarbeiter waren dazu eingeladen. Wir saßen noch lange zusammen.

Manfred

Am Abend brachen Manfred und ich auf, um die nächsten zwei Wochen in Oberammergau zu verbringen und uns von den anstrengenden Zeiten zu erholen. Obwohl Manfred schon seit einigen Tagen unter starken Kopfschmerzen litt, schlug er vor, das letzte Stück selbst zu fahren, damit ich mich etwas ausruhen konnte. Natürlich sprachen wir nur über Rudi und meine Mutter. Mir wurde klar, dass ab sofort der Ort meiner Kindheit für mich keine Zuflucht mehr bieten kann.

Eine große Frage blieb uns unbeantwortet, warum Rudi bei der Heimleitung um einen Termin gebeten hatte, der an seinem Todestag um 10 Uhr hätte stattfinden sollen. Wir rätselten und glauben, dass er seine Reise zu uns ins Rheinland besprechen wollte.

Die Ortsumgehung München haben wir verpasst und fuhren deshalb quer durch die Stadt. Auf der Donnersberger Brücke, einer viel befahrenen mehrspurigen Straße, fiel mir auf, dass unser Wagen langsamer wurde.

Ich schaute zu Manfred und sah mit großem Entsetzen, dass er seine Hände vom Lenkrad genommen hatte und damit krampfartige Bewegungen machte. Sein Gesicht war völlig verzerrt, er versuchte zu sprechen, was ihm aber nicht gelang.

Die nächsten Sekunden sind mir noch heute ein Rätsel. Ich schrie und redete permanent auf ihn ein, griff ins Lenkrad, schlug auf den Knopf der Warnblinkanlage und zog langsam die Handbremse. Ob und wie ich die Gangschaltung bedient habe, weiß ich nicht. Der Wagen stand und ich rechnete jeden Augenblick mit einer Karambolage aus allen Richtungen.

Ich sprang aus dem Auto, sicherlich, ohne auf andere Fahrzeuge zu achten, und gab einer Frau im Wagen hinter uns mein Handy. Ich forderte sie auf, einen Rettungswagen zu rufen, da mein Mann vermutlich einen Schlaganfall erlitten hatte.

Ich rannte zurück zu unserem Auto und war erleichtert, dass Manfred wieder etwas ansprechbar war. Er murmelte ständig: „Was war das ... mein Gott, was war das". Er lebte und alles andere würden wir schon schaffen.

Bei aller Sorge um meinen Mann schossen mir in Höchstgeschwindigkeit Gedanken durch den Kopf, die ich in diesem Moment nicht ordnen konnte. Ich sah ihn in meinen Gedanken schon im Rollstuhl sitzen. Ebenso wie ich ihn wasche und füttere. Ich werde sofort unsere kleine Wohnung in der zweiten Etage verkaufen und nach einer barrierefreien Unterkunft suchen müssen. Er wird nie mehr seinen geliebten Golf-Sport im Kreise seiner Freunde ausüben können.

Es stellte sich heraus, dass im Auto hinter uns eine Ärztin saß. Sie kam an die Fahrerseite, kniete vor Manfred und sprach beruhigend auf ihn ein. Sie stellte ihm einige Fragen und testete seine Empfindungen an Armen und Beinen. Sie glaubte nicht an einen Schlaganfall.

Der Rettungswagen kam und Manfred wurde in die nächstgelegene Klinik nach München-Pasing gebracht. Ich blockierte mit unserem Wagen immer noch eine Spur der viel befahrenen Donnersberger Brücke. Die netten Rettungsfahrer wollten mich dann zur Klinik leiten. Sie sagten mir allerdings auch, dass sie auf mich dahinter keine Rücksicht nehmen könnten und ich einfach nur versuchen sollte, dranzubleiben. Sie nannten mir die Ziel-Adresse für den Fall, dass ich sie verlieren würde. Ich weiß nicht, über wie viele rote Ampeln ich gefahren bin. Ich wusste nur, dass ich den Rettungswagen, in dem mein Manfred lag, nicht aus den Augen lassen würde. Für mich dauerte die Fahrt viel zu lange.

Er kam sofort in die Notaufnahme, wo sich eine sehr nette Ärztin um ihn kümmerte und verschiedene Untersuchungen durchführte. Es wurde ein sehr hoher Blutdruck festgestellt und wir machten sie auf die starken Kopfschmerzen aufmerksam, unter denen Manfred seit einigen Tagen litt. Wir sprachen mit ihr über unsere Situation, darüber, dass wir von der Beerdigung meines Bruders gekommen und unterwegs nach Oberammergau waren, um dort Urlaub zu machen. Da es nun später Abend an einem Freitag war, überlegte die Ärztin, welche Untersuchungen direkt und welche vielleicht auch erst am Montag gemacht werden könnten. Manfred wirkte sehr erschöpft und müde, war aber bedingt ansprechbar.

Es war ein Bild des Jammers, wie er da vor mir lag, noch immer in seiner Kleidung von der Beerdigung. In dunkler Hose, seinen besten schwarzen Schuhen, das weiße Hemd nur noch von seinen Schultern gehalten, so lag er auf der Liege und kämpfte gegen etwas uns völlig Fremdes.

Was nun passierte, werde ich in meinem ganzen Leben nie mehr aus meinem Gedächtnis löschen können. Manfred verdrehte die Augen, verzog das Gesicht zu einer schrecklichen Grimasse und wurde auf der Liege von schwersten Krämpfen hin- und hergeworfen. Er gab furchtbare Laute von sich. Er war nicht mehr der, den ich kannte. Es war ein Albtraum!

Ich schrie die Ärztin an, dass sie doch endlich etwas unternehmen solle, mein Mann sterben würde. Es schien eine Ewigkeit zu vergehen, bis sie die Lage unter Kontrolle hatte. Sie rief nach Unterstützung, um Manfred auf der Liege festhalten zu können, ließ ihn nicht aus den Augen und fixierte ihn mit ihrem Blick. Ich hatte das Gefühl, sie sei völlig hilflos. Später war mir klar, dass sie in diesen Minuten ihre Entscheidung getroffen hatte.

Nun ging alles ganz schnell. Sie ordnete Computer-Tomografieaufnahmen von seinem Kopf an, da sie nun sicher war, dort die Ursache zu finden.

Bei allem Stress in dieser sehr hektischen Situation zeigten alle sehr viel Mitgefühl und vergaßen dabei auch mich nicht. Ich konnte immer in Manfreds Nähe bleiben und war darüber heilfroh, denn ich hätte mich ohne Widerstand nicht fortschicken lassen. Ich hielt seine Hand und versuchte ihn zu trösten.

Egal, was alles kommen würde, ich war froh, dass Manfred noch lebte.

Mit den Aufnahmen bestätigte sich der Verdacht der Ärztin, dass die Ursache für seinen Zusammenbruch im Kopf zu suchen war. Sie fanden eine großflächige Blutung zwischen Schädeldecke und Gehirn. Medizinisch: akutes subdurales Hämatom rechts frontotemporal mit symptomatischer Epilepsie.

Nun musste ich ihn für einige Zeit in die Hände der medizinischen Betreuer geben und konnte im Aufenthaltsraum auf weitere Informationen warten. Dort war ich alleine. Zwischen Rudis Beerdigung und unserem Urlaub ging ich nun im Wartebereich der Intensivstation auf und ab und wusste nicht, was ich tun und denken sollte.

Auch ich war noch in meiner schwarzen Kleidung von Rudis Begräbnis und hatte keine Idee, wie es weitergehen könnte. Jetzt schon die Familie daheim oder Freunde informieren, so spät abends, schien mir unpassend. Ich hätte zwar viel berichten, aber zu Manfreds Zustand noch nicht sehr viel sagen können.

Die nette Ärztin kam zu mir und teilte mir mit, dass Manfred nun unter Beobachtung steht und sie ihn so schnell wie möglich zur Operation in eine andere Münchner Klinik überführen werde. Sie wollte dort mit einem Kollegen Manfreds Untersuchungsergebnis besprechen, konnte aber niemanden erreichen, da alle im OP-Bereich beschäftigt waren.

Sie war wirklich nett und einfühlsam und schlug mir vor, mich für einige Stunden in einem Hotel in der Nähe auszuruhen. Sie bestellte für mich ein Zimmer und machte es mir somit möglich, ein klein wenig Ordnung in meine völlig chaotische Situation zu bringen.

Unser Auto war bis unters Dach voll beladen. Zwischen dem riesigen Koffer, Manfreds Angel- und unseren Golfausrüstungen, lagen die Erinnerungsstücke aus Rudis Nachlass. Für einen Urlaub im Ferienhaus reist man immer mit besonderem Gepäck. Nicht alles ist schön ordentlich verpackt, denn jede Lücke im Auto wird mit den verschiedensten Dingen gefüllt.

In der Tiefgarage des Hotels, mitten in der Nacht, stand ich nun vor diesem Berg und musste in erster Linie für Manfred aber auch für mich ein kleines Not-Sortiment an Wäsche und verschiedenen Pflegeartikeln zusammenstellen. Bis auf die Angel- und Golfsachen schleppte ich alles auf mein Zimmer, das so klein war, dass ich unseren großen Koffer nicht aufklappen konnte.

Ich packte aus und um und wieder aus und wieder um. Auch wenn ich für Manfred nur eine kleine Tasche zusammenstellte und für mich Jeans, Pulli und bequeme Schuhe ausreichend waren, herrschte in diesem Zimmer das absolute Chaos. Noch in der Nacht schleppte ich Überflüssiges zum Auto und stopfte es wieder voll bis unters Dach.

Ich lag einige Stunden im Bett und stellte den Wecker auf 5 Uhr, da es ab 6 Uhr Frühstück gab. Nach einer Dusche und frisch angezogen fühlte ich mich etwas besser und stark genug, die Situation erneut in Angriff zu nehmen.

Meine Trauer um Rudi war völlig in den Hintergrund gerückt. Es zählte nur noch Manfred, der lebte und den ich nicht auch noch verlieren durfte!

Das Hotel erlaubte mir, meinen Wagen in der Garage zu lassen. Ich ging zu Fuß zur Klinik und war furchtbar aufgeregt. Ich dachte, dass man mich sicher angerufen hätte, wenn sich Manfreds Zustand verschlechtert hätte.

Noch vor 7 Uhr war ich da und geriet in das hektische Treiben eines Krankenhauses. Manfred lag auf der Überwachungsstation in einem Vierbett-Zimmer, nur mit Sichtschutz von den anderen Betten getrennt. Man hatte ihm die Schuhe und seine dunkle Hose ausgezogen, aber er trug noch immer die schwarzen Kniestrümpfe, seine Unterwäsche und sein weißes Hemd. Sicher hatte man es ihm wegen der Schläuche und Infusionen angelassen. Er lag im Bett am Fenster und schaute mich mit großen Augen voller Fragen an.

Bei einer Schwester der Nachtschicht fragte ich höflich nach, ob ich meinen Mann waschen dürfe, da er noch in der Wäsche von gestern Morgen im Bett liege und er sich sicher anschließend wohler fühlen werde. Mit den patzigen Worten: „Das verletzt die Intimsphäre der anderen Patienten" wurde ich auf den Flur geschickt. Ich blieb hartnäckig vor der Tür stehen und musste mich immer wieder vertrösten lassen. Nach zwei Stunden sprach ich eine Ärztin an, die das Zimmer meines Mannes betreten wollte. Nach kurzer Visite holte sie mich und begleitete mich zu ihm. Noch immer lag er da wie am Tag vorher. Bei einer anderen, sehr netten Schwester, fragte ich erneut nach, ob ich meinen Mann versorgen dürfte. Sie lächelte und fand die Idee hervorragend. Ich wurde mit allem Notwendigen ausgestattet und sie half mir, meinen Mann endlich von seinem Hemd zu befreien. Sie achtete jedoch darauf, dass ich ihn in seinem Bett nicht unnötig bewegte. Kopf und Beine mussten möglichst flach liegen bleiben. Die Schwester zog ihm ein Hemd der Klinik über und nun fühlte Manfred sich sichtlich wohler.

Zwischenzeitlich hatte man Kontakt mit der Fachklinik und einen Transport für die Mittagszeit vereinbart. Noch immer war die Ärztin aus der Nachtschicht im Dienst und informierte uns über die nächsten Schritte. Da Manfred für diese Überführung vorbereitet werden musste, schlug sie vor, sie halte das für die beste Zeit für mich, nach Oberammergau zu fahren. Dort könne ich mich von allem Ballast im Auto befreien und mir einen Überblick verschaffen. Sie werde mich telefonisch informieren, wenn mein Mann in der anderen Klinik angekommen sei. Somit konnte ich mir eine weitere unnötige Fahrt nach Pasing ersparen.

Ich verabschiedete mich von Manfred und versprach, noch heute wieder zu kommen.

Auf der Fahrt nach Oberammergau informierte ich die Freunde, deren Haus ich nun allein bewohnen musste, über die völlig veränderte Situation. Auch Manfreds Familie und unsere Freunde waren sehr betroffen und boten uns ihre Hilfe an. Im Haus richtete ich nun mein Basislager ein, hatte aber keinerlei Bedürfnis, es mir gemütlich zu machen, ich wollte nur so schnell wie möglich wieder zu Manfred in die Klinik.

Keine Zeit für Trauer

Noch nie war mir die Navigation im Auto so wichtig, wie in dieser Zeit. Am Nachmittag fuhr ich schon wieder Richtung München, diesmal in die Neurochirurgische Klinik, wohin man Manfred bringen würde. Da es bis München fast 100 km sind, fuhr ich los, als der Anruf kam, dass man mit dem Patienten gestartet sei.

Noch nie habe ich so eine moderne und hochtechnisch organisierte Station in einer Klinik gesehen. Vor einer verschlossenen Tür mit Video und Sprechanlage standen nur wenige Menschen. Es dauerte, bis ich erfuhr, dass ich mich über diese Sprechanlage identifizieren müsse. Als ich meinen Namen nannte, wurde mir sofort mitgeteilt, dass man den Transport mit meinem Mann in den nächsten Minuten erwarte. Ich saß in einem langen Flur und wartete. Die einzigen Sitzgelegenheiten waren die Steinplatten über den Heizkörpern, ob diese wirklich zum Sitzen vorgesehen waren, weiß ich nicht und war mir in diesem Moment egal.

Immer wieder wurden einzelne Personen gerufen und eingelassen. Man konnte nur ahnen, was sich hinter dieser Tür abspielte. Zwischenzeitlich war ich alleine auf dem langen Flur und wartete noch immer.

Zehn Meter von meinem Platz entfernt öffnete sich eine Aufzugtür, aus der zwei Sanitäter eine hohe Liege schoben. Manfred war angekommen und ich freute mich, ihn wach und orientiert zu sehen.

Nach einer Ewigkeit hörte ich meinen Namen aus der Anlage und die Tür öffnete sich diesmal für mich. In einem Vorraum, der noch nichts ahnen ließ, wurde ich in Empfang genommen und über die weitere Vorgehensweise informiert. Jeweils vor dem Betreten sowie beim Verlassen der Station, musste ich meine Hände desinfizieren. Persönliche Dinge für Manfred, wie Wäsche, Schlafanzug oder Pflegeartikel, wurden nicht zugelassen. Auf dieser Station waren die Patienten rund um die Uhr in den besten Händen und unter ständiger Beobachtung.

Ich wurde zu Manfred in einen Raum geführt, der mit meinem Bild von einem Krankenzimmer auf einer Intensivstation nichts gemeinsam hatte. Manfred lag in einem Bett, das umstellt war von Geräten, die seinen Zustand jederzeit registrierten und bei drohender Gefahr Alarm schlugen.

Eine Krankenschwester kümmerte sich rührend um ihn und verließ nie den Raum, ohne dass eine Kollegin vorher als Vertretung gerufen wurde. Im Minutentakt wurden Kontrollen durchgeführt und

Ergebnisse notiert. Manfred war nie alleine und jede Bewegung von ihm wurde aufmerksam beobachtet. Er durfte weder Kopf noch Beine heben und wurde jetzt von den Schwestern gewaschen und gefüttert.

Noch an diesem Tag informierte man uns im Rahmen einer großen Ärztevisite in Manfreds Zimmer darüber, dass eine operative Entfernung der Blutung erforderlich sei.

Weiterhin konnte ich zu ihm ins Zimmer, wann immer ich wollte, zu jeder Tages- und Nachtzeit. Ich bemühte mich trotzdem, die Zeiten der aufwendigen Pflege an den Patienten zu berücksichtigen. Ich musste an dieser geheimnisvollen Tür nicht mehr warten und wurde sofort eingelassen!

Im Bett fühlte sich Manfred gut, er hatte keine Kopfschmerzen und wurde bestens betreut. Seine niedliche Krankenschwester mit den Rastazöpfen hatte er bereits richtig ins Herz geschlossen.

Ich stand Tag für Tag an Manfreds Bett, denn einen Stuhl für Besucher gab es in diesen Zimmern nicht.

Die geplante Operation wurde jeden Tag aufs Neue verschoben, aber wir vertrauten den Ärzten und wollten nicht drängeln.

Die täglichen Autofahrten nach München und zurück waren ziemlich anstrengend und ich hatte dabei die verrücktesten Gedanken. Bei einer Rückfahrt von München kurz vor Ettal hatte ich ganz plötzlich starken Druck in der Magengegend. Das Atmen fiel mir schwer und mir wurde richtig übel. Ich zwang mich zur Ruhe, öffnete die Fenster und versuchte eine Stelle zu finden, an der ich kurz anhalten konnte. Dann saß ich im Auto und hatte durchaus den Gedanken, dass das jetzt ein Herzinfarkt werden könnte. Schließlich quälte ich mich ins Haus und hätte einen Arzt gerufen, wenn es nicht besser geworden wäre. Doch die Beschwerden waren weg und ich dachte darüber nach, was wäre, wenn mir auf der Strecke etwas passieren würde. Keiner wüsste mich in dieser Gegend zuzuordnen und schon gar nicht, dass mein Manfred schwer krank in einer Münchner Klinik liegt. Ich hatte diese eigenartige Attacke noch ein zweites Mal und setzte mich abends an den Tisch, um einen Notfallzettel zu formulieren, den ich ab sofort in meiner Handtasche mitführen wollte.

In deutlichen Druckbuchstaben schrieb ich, wo in Oberammergau ich wohnte, dass es ein Feriendomizil war, das namentlich genannten Freunden gehörte. Ich gab deren Telefonnummer und die meines Schwagers im Rheinland an und natürlich schrieb ich, wo und warum Manfred im Krankenhaus lag. Das Blatt schob ich in eine Klarsichthülle und trug es nun ständig bei mir.

Um die anstrengenden Autofahrten zu vermeiden, schlug man mir vor, mit der Bahn von Oberau nach München zu fahren. Das fand ich eine gute

Idee und kaufte mir im Ammergauer Haus eine Wochenkarte nach München. Da ich nun auch am Standort der Passionsspiele war, bot ich meine beiden Karten zum Weiterverkauf an, denn es war abzusehen, dass wir diese nicht selbst nutzen würden.

Mein Tagesablauf blieb nun immer der gleiche. Früh morgens fuhr ich mit dem Fahrrad in den Ort, um mich mit dem Nötigsten zum Frühstück zu versorgen. Ich hielt das Haus in Ordnung, parkte mein Auto am Bahnhof und fuhr kurz nach 10 Uhr mit dem Zug von Oberau ab. Mittags war ich immer bei Manfred. Mein Essen in dieser Zeit bestand aus unterschiedlichen Fertigmahlzeiten, die es am Münchner Hauptbahnhof zur Genüge gibt. Das Wetter war sommerlich schön und hätte unter anderen Umständen wohl als ideales Urlaubswetter bezeichnet werden können. Wir beide hätten es sicher sehr genossen!

Sehr müde kam ich spätabends wieder in Oberammergau an und brachte Familie und Freunde auf den aktuellen Stand über Manfreds Gesundheitszustand.

Überhaupt erfuhren wir von allen große Anteilnahme in dieser schweren Zeit. Alle waren sehr betroffen und machten sich große Sorgen. Es war rührend und tat sehr gut, so viel Unterstützung zu spüren. Meine Chefs zeigten sehr viel Herz und nahmen mir all die Sorgen und Bedenken ab, die meine Arbeit betrafen. Wenn ich Manfred davon erzählte und ihm von so vielen Menschen liebe Grüße ausrichtete, hatte ich durchaus das Gefühl, dass er sich darüber freute, es nur nicht so zeigen konnte.

Es war immer noch die Zeit der Fußballweltmeisterschaft in Südafrika und von einer Freundin, die sich in Italien aufhielt, erreichte mich folgende SMS: „Waka, waka, Halbfinale bei uns zu Hause"? Meine Antwort darauf hat sie sehr erschreckt. Sie war ja diejenige gewesen, die Manfred am Tag vor diesem schrecklichen Ereignis wegen seiner schlimmen Kopfschmerzen behandelt und uns geraten hatte, nach Rudis Beerdigung in Bayern so schnell wie möglich einen Arzt aufzusuchen.

Wieder mal kam ich voller Erwartungen in der Klinik an und fand Manfred in einem ziemlich aufgeregten Zustand vor. Er war auf einer normalen Station in einem Vierbettzimmer untergebracht mit Männern, die bereits ihre Operationen hinter sich hatten. Ich suchte das Gespräch mit einem Arzt, der uns über die neue und überraschende Situation aufklären sollte.

Wir erfuhren, dass man nun von einer Gehirn-OP absehen würde und diese einige Wochen später in der Nähe unserer Heimat durchgeführt werden sollte. Die nächste Überraschung folgte sofort, als man mir sagte, dass ich Manfred mitnehmen könne. Ich war mit der Bahn gekommen und Manfred hatte keine eigene Kleidung in der Klinik. Das Schlimmste aber war, dass er sich sehr schlecht fühlte und sich kaum auf den Beinen halten konnte. Ich wusste nicht, wie ich die anstehende Heimfahrt bewerkstelligen sollte.

Ich sprach erneut mit dem Arzt und fragte ihn, ob es sich um einen Irrtum handeln könnte, da sich mein Mann sehr schlecht fühlen würde. Er ließ mich wissen, dass Manfred auf die verordneten Medikamente sehr gut anspreche und diese gut vertrage, er jedoch nicht ausschließen könne, dass die Krampfanfälle erneut auftreten würden.

Die frühere Sicherheit der Station mit dem geheimnisvollen Namen war verschwunden. Das krasse Gegenteil war eingetreten und wir fühlten uns alleine und im Stich gelassen.

Ich gab Manfred das Gefühl, mich sehr zu freuen und sagte ihm, dass er sich in Oberammergau bestimmt bald besser fühlen würde. Im Entlassungsbericht schlugen die Ärzte ja tatsächlich vor, noch eine Woche im Voralpenland zu bleiben und nur bei einer Verschlechterung seines Zustands erneut vorstellig zu werden. Die weitere Versorgung sollte doch heimatnah erfolgen.

Ich sprach beruhigend auf Manfred ein und wollte ihn spüren lassen, dass er sich keine Sorgen machen solle, weil die Ärzte sicher wüssten, was richtig sei.

Natürlich konnte ich ihn nicht im Zug mitnehmen. So fuhr ich alleine los, um mein Auto in Oberau am Bahnhof abzuholen. Schnell packte ich im Haus Kleidung ein und fuhr unverzüglich zurück in die Klinik nach München.

Wenig Hoffnung

So verließ Manfred auf wackeligen Beinen an meinem Arm die Klinik und schon der Weg zum Auto war eine riesige Anstrengung. Er musste immer wieder pausieren und ich wusste wieder mal nicht, wie es weitergehen sollte.

Wir kamen spät im Haus an und Manfred hatte nur den Wunsch, sich sofort hinzulegen. Ich verbrachte die Nacht schlaflos neben ihm, um jederzeit alles unter Kontrolle zu haben. Mitten in der Nacht klagte er über zunehmende Kopfschmerzen.

Wir versuchten es mit einem anderen Kopfkissen und ich gab ihm viel Wasser zu trinken. Die Nacht zog sich hin, aber die Kopfschmerzen ließen nicht nach. Da ich nun wusste, dass die meisten Kopfschmerzmittel eine Blut verdünnende Wirkung haben, durfte ich ihm in dieser Situation keinesfalls eine Tablette ohne ärztliches Wissen geben.

Ich machte Frühstück und dachte noch immer: „Wenn Manfred mal auf den Beinen ist, vielleicht etwas gegessen hat, geht es sicher ein bisschen besser." Er stand nur auf, weil ich es von ihm verlangte, er aß sehr zögernd ein halbes Brötchen mit Marmelade, nur weil ich es für wichtig hielt.

Er fühlte sich so schwach, wollte sich nur hinlegen und klagte immer weiter über Kopfschmerzen. Ich fuhr in den Ort, wo ich die Praxis eines Internisten kannte, und bat um einen Hausbesuch. Ich schilderte ihm die Situation und er las den Bericht der Münchner Kliniken mit großem Interesse. Er war sprachlos!! Er erlaubte keine Schmerzmittel und gab uns eine Notfallnummer, die ich anrufen sollte, wenn er selbst nicht erreichbar sei.

Am Nachmittag überredete ich Manfred sogar zu ein paar Schritten an der frischen Luft. Es ging nicht und wir brauchten eine Ewigkeit, um das kleine Stück zurück zum Haus zu bewältigen. Er wollte nicht essen und ließ sich von mir auch nicht mehr dazu überreden.

Ich richtete ihm sein Bett auf dem Sofa im Wohnzimmer, damit er etwas abgelenkt war und vielleicht fernsehen konnte. Er hatte kein Interesse und fing ganz plötzlich an zu frieren. Er schüttelte sich und ich wusste kaum noch, womit ich ihn aufwärmen sollte. Ich steckte seine Füße in eine Schüssel mit heißem Wasser und packte ihn in viele Decken ein. Das machte ich auch mit seinen Händen. Ein heißes Vollbad war zu riskant, da ich nicht wusste, ob ich ihn wieder aus der Wanne bekommen würde.

Ich konnte nicht mehr mit ansehen, wie sich Manfred quälte. Er war nur noch ein Häufchen Elend und mit nichts mehr zu trösten. Ich wählte die Notrufnummer und nur wenige Minuten später stand ein sehr freundlicher ortsansässiger Arzt vor unserer Tür und untersuchte ihn so gut es ging. Der Blutdruck war etwas zu niedrig, aber sonst erschien ihm nichts ungewöhnlich. Der Entlassungsbericht der Klinik beunruhigte ihn jedoch sehr. Gegen die noch immer anhaltenden Kopfschmerzen genehmigte er ein Paracetamol, da dieses Medikament eine nicht so stark Blut verdünnende Wirkung hat.

Ich bettete Manfred nun sitzend in einen bequemen Sessel, massierte seine kalten Füße und verabreichte ihm große Mengen Tee und Wasser. Ich ließ ihn nicht aus den Augen. Ständig sank sein Kopf nach vorne oder zur Seite und ich hatte wieder mal unsägliche Angst.

Sein Zustand blieb unverändert. Die ganze Nacht lauschte ich auf seinen Atem.

Früh am Morgen bat er mich erneut, einen Arzt zu rufen. Ich wählte den Notruf und wieder kamen nur wenige Minuten später auch schon der Rettungswagen und gleichzeitig der nette Arzt vom Vortag, der meinen Notruf gehört und sich an den Patienten erinnert hatte. Er informierte seine Kollegen ausführlich über die Situation und ordnete an, Manfred nicht nach München, sondern sofort nach Murnau zu bringen. Sie waren alle der Meinung, dass die große Schläfrigkeit kein gutes Zeichen sei.

Zum Glück Murnau

Wieder mal fuhr ich hinter einem Krankenwagen her, in dem mein Manfred lag, war aber auch beruhigt, dass die Ärzte diese Entscheidung getroffen hatten.

Die Unfallklinik in Murnau, die für die nächste Zeit eine wichtige Station für uns werden sollte, stellte alles bisher Erlebte positiv in den Schatten.

Die Fahrt dorthin war erheblich einfacher und kürzer. Die 27km waren keine nennenswerte Entfernung. Ich kam kurz nach dem Krankenwagen an und wurde sofort zu Manfred in die Notaufnahme geführt. Eine sehr nette Schwester bemühte sich um ihn und bereitete die bevorstehenden Untersuchungen vor. Sie streichelte ihm immer wieder über die Arme und redete beruhigend und freundlich auf ihn ein. Wenige Minuten später war er erneut im CT-Raum, wo wieder eine Aufnahme des Kopfes gemacht werden sollte.

Die Schwester bot mir Essen und Trinken an, doch ich gab mich mit einem Kaffee zufrieden. Sie setzte sich mir gegenüber, nahm meine Hände in ihre und tröstete mich in einer solch netten Art, die mich spüren ließ, dass Manfred hier in den richtigen Händen war.

Manfred kam zurück und mit ihm die zuständige Ärztin. Die Aufnahme des Kopfes ergab eine frische Einblutung, die die neuen Kopfschmerzen bei ihm erklärte. Es wurde beschlossen, dass er noch am Abend operiert werden sollte. Dass dieser Eingriff nicht schon in München stattgefunden hat, war ihnen offenbar ein Rätsel. Sie führten die Entscheidung ihrer Kollegen darauf zurück, dass Manfred sehr viel Blutverdünnung im Körper hatte und man den Eingriff aus diesem Grund hinauszögern hatte wollen.

Er wurde auf der Intensivstation versorgt und wartete nun darauf, dass man ihn zur OP abholen würde. Ich durfte bei ihm bleiben, da er alleine im Zimmer lag und wir niemanden störten.

Zwei Mal an diesem Abend wurden wir informiert, dass es gleich losgehen würde. Zwei Mal hörten wir den Hubschrauber „Christof Murnau" auf dem Klinikgelände landen und zwei Mal wurden wir erneut darüber informiert, dass schwer verletzte Motorradfahrer notoperiert und vorgezogen werden müssten. Spät in der Nacht teilte man uns mit, dass die Operation am nächsten Tag stattfinden müsse und Manfred mit Medikamenten gut versorgt und stabil sei. Ich fuhr schweren Herzens nach Oberammergau zurück.

Noch am Abend informierte ich Manfreds Geschwister. Sein Bruder setzte sich früh morgens ins Auto und machte sich auf den Weg zu uns. Er wollte mich nun mit dieser Extremsituation nicht mehr alleine lassen und hätte es sich auch nie verziehen, falls Manfred etwas passiert wäre, so waren seine eigenen Worte.

Ich war bereits aufgestanden, als am Morgen kurz nach 6 Uhr mein Handy läutete und hatte große Angst, als ich den Anruf entgegennahm. Ein Arzt aus Murnau, den ich am Vorabend bereits kennengelernt hatte, erklärte mir, dass Manfred nun selbst zum Notfall geworden sei und sofort operiert werden müsse. Sein neurologischer Befund habe sich sehr verschlechtert und die Operation könne nicht mehr aufgeschoben werden. Auf meine Frage, was die neurologische Verschlechterung bedeutete, teilte er mir mit, dass Manfreds Schläfrigkeit sehr zugenommen und seine Orientierung, die im Laufe der Nacht immer wieder getestet worden sei, stark nachgelassen habe. Das Gehirn stehe sehr unter Druck und man müsse nun dringend für Entlastung sorgen. Man riet mir, nicht vor 12 Uhr in die Klinik zu kommen.

Ich fuhr in den Ort, um für ein gemeinsames Frühstück mit meinem Schwager einzukaufen. Als ich die Käserei verließ, rief er mich an und sagte mir, dass er in Ettal sei und auf direktem Weg ins Krankenhaus fahren möchte. Ich bat ihn, erst zu mir zu kommen, da Manfred gerade operiert werde und ein Besuch noch nicht angebracht sei.

Die Sonne strahlte aus einem wolkenlosen Himmel und ich deckte auf der Terrasse den Tisch, den ich erstmals aus der Garage geholt hatte. Es gab sooo viel zu erzählen.

Wir spazierten durch den Ort, zwangen uns zu einem Eis und wollten uns ablenken. Beide wussten wir nicht, was uns in der Klinik erwarten würde. Sein Besuch tat mir sehr gut und ich wusste, dass auch Manfred sich sicher sehr darüber freuen würde.

Auch in dieser Klinik galten feste Abläufe. Auf Manfreds Station lagen viele schwerstkranke Menschen. Es war die Intensivstation für Kopfverletzte, Querschnittsgelähmte und Brandopfer. Einige Frauen mittleren Alters mit großem Einfühlungsvermögen arbeiteten hier ehrenamtlich und standen ausschließlich für die Betreuung Angehöriger zur Verfügung.

Man wurde am Eingang freundlich in Empfang genommen und in einen besonders dafür vorgesehenen Wartebereich geführt. Dort traf man auf die unterschiedlichsten Menschen. Man konnte wählen, ob man sich alleine oder im Raum mit den anderen Wartenden aufhalten möchte. Eine der ehrenamtlichen Damen, alle ausgesprochen nett und aufmerksam, setzte sich dazu und überließ es den Betroffenen, zu reden oder zu schweigen. Viele weinten. In den nächsten Tagen traf ich immer wieder auf bekannte Gesichter, die voller Sorgen auf neue Nachrichten warteten. Oft kamen Freunde und andere Familienmitglieder dazu und man saß viele Stunden in großer Runde zusammen.

Als ich mit Manfreds Bruder in Murnau ankam, wurden wir herzlich empfangen und in den besonderen Wartebereich geführt. Dort versorgten wir uns mit Kaffee und erwarteten die Mitarbeiterin, die uns den Weg weisen würde.

Das Bett neben ihm war zwischenzeitlich belegt von einem der verunglückten Motorradfahrer, dem man ein Bein hatte amputieren müssen. An den folgenden Tagen stellte ich fest, dass solch schwere Verletzungen in dieser Klinik an der Tagesordnung waren.

Einfach nur glücklich

Manfred lag in seinem Bett und alles war anders: Sein Blick, sein Ausdruck, seine Stimme.

Er wirkte wieder wie mein Manfred von früher, auch wenn seine Stimme noch etwas schwach war. Er lächelte uns entgegen. Die angeschlossenen Schläuche störten dieses Bild keineswegs.

Wir waren einfach nur glücklich und ich hatte seit langer Zeit wieder das Gefühl, dass alles gut werden könnte. Manfred freute sich sehr über den Besuch seines Bruders und beide waren sehr gerührt.

Es waren Momente voller Glück und Hoffnung!

Sollte die Zeit, in der alles über uns zusammengebrochen war, endlich und endgültig vorbei sein?

Es schien so, denn Manfred machte große Fortschritte und konnte nach vier Tagen die Intensivstation verlassen. Seinen Wunsch nach einem Stück Käsekuchen erfüllte ich mit großer Freude und nahm auch für mich ein Stück mit.

Als ich sein neues Zimmer betrat, war ich sprachlos. Noch nie habe ich so ein freundliches und schönes Krankenzimmer gesehen, vor allem nicht mit so einem wundervollen Ausblick. Riesige Scheiben boten einen ungehinderten Blick auf die Berge. Die Sonne bestrahlte das gesamte Zimmer. Über dem großen Balkon schützte eine weiße Markise vor zu viel Licht. Es herrschte eher Hotel- und Urlaubsstimmung.

Wir gingen kurze Wege durch die Klinik und bestellten uns in der Cafeteria den besten Salatteller, den man sich vorstellen konnte. Überhaupt war in diesem Krankenhaus alles beispielhaft gut.

Bei dieser Umgebung und der hervorragenden Betreuung durch sehr herzliche Mitarbeiter wurde Manfred sehr schnell gesund und wir konnten seine Rückreise in die Heimat planen.

Zum ersten Mal während dieser Zeit sah ich unseren Ferienort wieder so, wie er war. Ob in der Käserei, beim Bäcker oder dem Drogeriemarkt, überall traf ich nette freundliche Menschen, die ich in den Wochen vorher nicht wahrgenommen hatte.

Ich schlenderte das erste Mal durch den Ort, der geprägt war von den Passionsspielen und eine ganz besondere Atmosphäre ausstrahlte. Wie gerne hätten wir unsere Vorstellung besucht.

In der kleinen Judasgasse entdeckte ich ein Fenster, in dem mir ganz besonders schöne Schnitzereien auffielen. Ausgefallene winzige Krippen, aufgebaut in farbigen Schachteln, waren regelrechte Kunstwerke. Winzige Engel schwebten durch diese Kistchen und Tiere weideten unter kleinen Bäumen. Ich war tief berührt und konnte von diesem Anblick nicht genug bekommen. Eigentlich sah es gar nicht so aus, als wenn es sich hier um einen Laden handeln würde. Ich ging zu der niedrigen Tür und wunderte mich, denn sie war offen. Nun war ich in einer Schnitzerei gelandet, wie ich sie noch nie gesehen hatte.

Ein Mann mit dunklen, schulterlangen Locken und wildem Bart saß hinter einer Werkbank und arbeitete an derart kleinen Holzteilen, dass man sie in seinen Händen kaum sehen konnte. Hier entstanden also tatsächlich diese wunderschönen Dinge.

Ich durfte mich im Laden umsehen und fand etwas ganz Besonderes. Überall schwebten bunte Engel, die mich in ihrer Form sehr an früher erinnerten. Der Künstler unterbrach seine Arbeit und erklärte mir, dass es sich um alte Holzwäscheklammern handelte, die man früher einfach über die Leine geschoben hatte. Diese bemalt er, bastelt ihnen kleine Ärmchen und formt Köpfe, denen er wunderschöne Gesichter gibt. Ich war fasziniert und gerührt.

Wir plauderten sehr lange und ich erzählte ihm, was hier aus unserer geplanten Urlaubsreise geworden war. Er erklärte mir, und sein Aussehen ließ daran keinen Zweifel, dass er einer der Laienschauspieler bei den Passionsspielen ist und dabei die Rolle des Apostels „Jakobus der Ältere" besetzt.

In den nächsten Tagen schaute ich immer mal im kleinen Laden in der Judasgasse vorbei und konnte zusehen, wie für uns aus einer Wäscheklammer ein wunderschöner Engel entstand, den er Schutzengel nannte.

Die kleinen Kunstwerke, die er für mich gebastelt hat, sind ein Dankeschön für Freunde, die uns in dieser schweren Zeit so sehr unterstützt und den Rücken frei gehalten haben.

Zwischen dem Holzschnitzer und mir ist inzwischen eine kleine Freundschaft entstanden. Wann immer ich ein besonderes Geschenk brauche, rufe ich ihn an und er übertrifft mit dem Ergebnis immer wieder meine Erwartungen.

Ganz besonders freue ich mich jedoch, wenn ich mit Manfred demnächst in die Judasgasse gehen und ihm alles zeigen kann.

Es regnete in Strömen und es war der erste Tag unseres Aufenthalts mit schlechtem Wetter, als Manfred mit einem Spezialkrankentransport in Murnau abgeholt wurde. Das Team der Versicherung sowie die verantwortlichen Mediziner, die bei der Organisation des Rücktransportes verantwortlich waren, prägen mein positives Bild der Menschen, die uns in unserer schwierigen Situation jederzeit hilfsbereit und unbürokratisch zur Seite standen.

Nach über drei Wochen waren wir unterwegs zu Manfreds Rehabilitation nach Bonn und wieder fuhr ich hinter einem Krankenwagen her, in dem

Manfred lag. Diese Fahrt bildete jedoch den guten Abschluss einer sehr schweren Zeit.

Manfred geht es wieder gut. Viele Trainingstechniken aus der Reha-Klinik hat er beibehalten und ist in der Anwendung sehr diszipliniert. Wir haben uns beide in einem medizinischen Therapiezentrum eingebucht und versuchen mehrfach wöchentlich, die angebotenen Programme in Anspruch zu nehmen. Manfred hat das Rauchen seiner geliebten Zigarillos aufgegeben und achtet auch sonst wieder mehr auf seine Gesundheit. Gegen die epileptischen Krämpfe nimmt er ein Medikament, das er möglicherweise dauerhaft einnehmen muss. Es belastet ihn nicht. Seit Dezember darf er auch wieder am Steuer eines Autos sitzen und ich sitze fast so gelassen wie früher neben ihm.

Ruht in Frieden

Mittlerweile ist unser Grab fertig und die Gravur durch die Namen „Margarete Kohl" und „Rudi" vervollständigt. Es liegt uns beiden viel daran, dass der letzte Ort meiner Familie immer schön und gepflegt ist.

Es geht auf Weihnachten zu und ich denke wieder sehr häufig an meine Mutter und an Rudi. Es ist unser zweites Weihnachtsfest ohne sie und das erste ohne Rudi. Der Verlust schmerzt noch immer sehr.

Die ständige Angst um meinen Mann Manfred kommt nun dazu und ich weiß nicht, ob weitere Schicksalsschläge auf uns lauern. Inzwischen lasse ich Manfred auch an meiner Trauer um Rudi teilhaben. Ich bin immer in Alarmbereitschaft und möchte so viel wie möglich an seiner Seite sein.

Für alle, so auch für uns, bildet der Silvesterabend den Abschluss eines überaus ereignisreichen Jahres.

Im kleinen Freundeskreis, bei einem wunderbaren Abendessen, ließen wir das Jahr Revue passieren und wünschten uns, traurig auf die vergangenen Ereignisse zurückblickend, ein gutes neues Jahr.

Der Kreis schließt sich ein Jahr später

Das Grab meiner Familie besuchten wir an Rudis erstem Jahrgedächtnis. Danach fuhren wir genau wie im Vorjahr die Strecke Richtung Voralpenland nach Oberammergau. Ganz bewusst passierten wir den neuralgischen Punkt in München, an dem mein Mann am Steuer unseres Wagens zusammenbrach.

Ohne Probleme kamen wir an unserem Urlaubsort an und freuten uns auf gemeinsame schöne Tage.

In unserer zweiten Urlaubswoche wurde ich mit starken Rückenschmerzen in die Unfallklinik Murnau eingeliefert, in die Klinik, in der Manfred vor genau einem Jahr operiert wurde.

Über die Notaufnahme, an die ich mich noch gut erinnern konnte, gelangte ich auf die Station der Neurochirurgie, wo Manfred ein Jahr vorher untergebracht war. Ich wurde stationär aufgenommen und landete in seinem Zimmer und zu unserer völligen Verwunderung im gleichen Bett. Das Pflegepersonal erkannte uns sofort wieder und alle freuten sich, Manfred in so guter Verfassung zu sehen.

Zufall? Nein, hier schließt sich der Kreis

Mein größter Wunsch ist es, gemeinsam mit meinem Mann Manfred alt zu werden. Ihm widme ich dieses Buch.

Bei unserem Freund und Arzt Dr. Richard Beitzen bedanke ich mich für die große Unterstützung bei der Veröffentlichung dieses Buches und dafür, dass er immer für uns da ist.

Bewerten Sie dieses Buch auf unserer Homepage!

www.novumverlag.com

Die Autorin

Tamara Roos, geboren 1954
in Mittelfranken, zog 1977 ins
Rheinland, wo sie auch verheiratet
ist. Sie lebt in Linz am Rhein und
arbeitet als Sekretärin in Bonn.

novum 🔴 VERLAG FÜR NEUAUTOREN

Der Verlag

„Semper Reformandum", der unaufhörliche Zwang sich zu erneuern begleitet die novum publishing gmbh seit Gründung im Jahr 1997. Der Name steht für etwas Einzigartiges, bisher noch nie da Gewesenes.
Im abwechslungsreichen Verlagsprogramm finden sich Bücher, die alle Mitarbeiter des Verlages sowie den Verleger persönlich begeistern, ein breites Spektrum der aktuellen Literaturszene abbilden und in den Ländern Deutschland, Österreich und der Schweiz publiziert werden.
Dabei konzentriert sich der mehrfach prämierte Verlag speziell auf die Gruppe der Erstautoren und gilt als Entdecker und Förderer literarischer Neulinge.

Neue Manuskripte sind jederzeit herzlich willkommen!

novum publishing gmbh
Rathausgasse 73 · A-7311 Neckenmarkt
Tel: +43 2610 431 11 · Fax: +43 2610 431 11 28
Internet: office@novumverlag.com · www.novumverlag.com

AUSTRIA · GERMANY · HUNGARY · SPAIN · SWITZERLAND